Axel Thorer wurde 1939 als Sohn eines Arztes und Plantagenbesitzers in Tansania geboren. Seinen ersten erlernten Beruf als Wildhüter führte er in Ost- und Südafrika aus. Später begab er sich auf die verschiedensten Expeditionsreisen, unter anderem auch mit Professor Heinrich Harrer.

Er ist Verfasser mehrerer geographischer und ethnographischer Bücher und Chefredakteur der Zeitschrift Esquire.

Seit einigen Jahren lebt er in München und Mallorca und ist Mitglied des „Explorer Clubs" in New York.

Pazifische
Manokwari
Sorong
Sarmi
Jayapura
Sentani
Mamberamo
Aitape
Wewak
Babo
Bula
Fakfak
Kaimana
Sepik
IRIAN JAYA
Kerevat
Baiyer River
Mt.Hagen
Tari
Mt. Hagen
Mendi
Kokonau
Digul
PAPUA-NEUGU
Fly
Kikori
Kere
Merauke
Daru
Arafurasee
Weipa
Darwin
Adelaide River
Katherine
Laura
Daly Waters
Borroloola
Cairr
AUSTRALIEN
Normanton

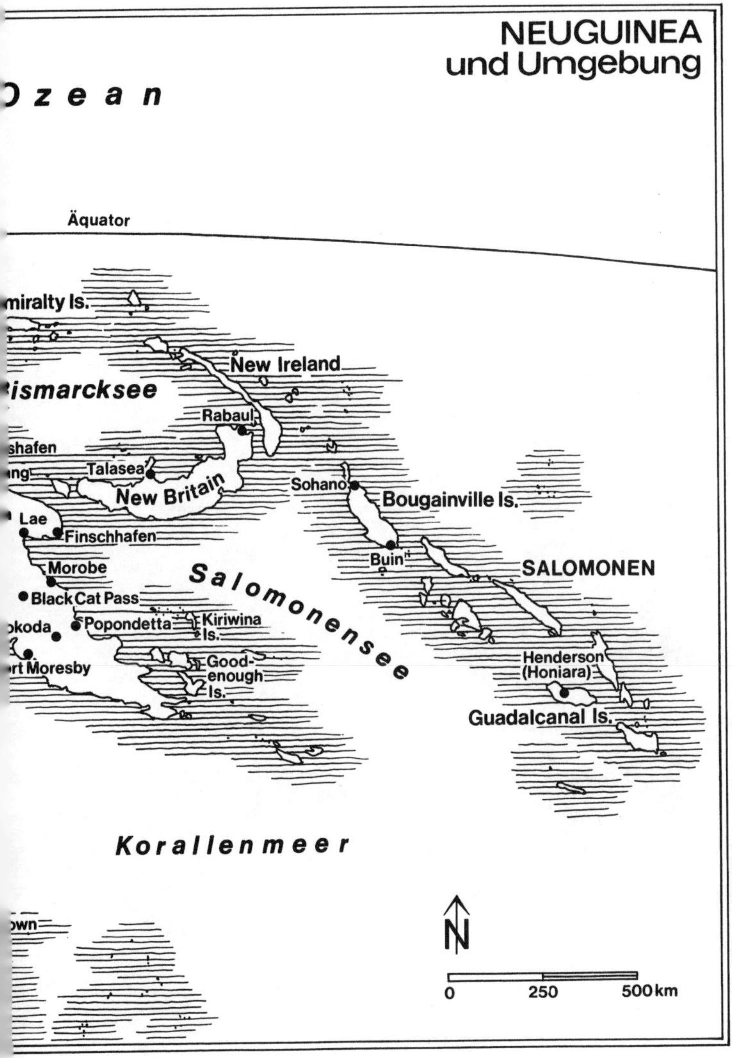
NEUGUINEA
und Umgebung
Ozean
Äquator
miralty Is.
New Ireland
Bismarcksee
Rabaul
shafen
ng
Talasea
New Britain
Sohano
Bougainville Is.
Lae
Finschhafen
Buin
SALOMONEN
Morobe
Salomonensee
Black Cat Pass
Kiriwina Is.
okoda
Popondetta
rt Moresby
Good-enough Is.
Henderson (Honiara)
Guadalcanal Is.
Korallenmeer
own
N
0
250
500 km

AXEL THORER

Wracks im Dschungel

Auf der Suche nach Flugzeugwracks in Papua-Neuguinea

ABENTEUER-REPORT

CIP-Kurztitelaufnahme der Deutschen Bibliothek

Thorer, Axel:
Wracks im Dschungel : auf d. Suche nach Flugzeugwracks in Papua-Neuguinea / Axel Thorer. [Fotos: Wolfgang Drehsen]. –
München : F. Schneider, 1987.
(S-Abenteuer-Report)
ISBN 3-505-09668-7

ABENTEUER-REPORT

Herausgegeben von Susanne Härtel

8000 München 40 · Frankfurter Ring 150

Fotos: Wolfgang Drehsen
Karten: Gert Köhler
Reisetips: Axel Thorer und Gabriele Herzog
Lektorat/Redaktion: Susanne Härtel, München
Herstellung: Josef Loher
Satz/Druck: Augsburger Druck- und Verlagshaus GmbH, Augsburg
ISBN: 3 505 09668-7
Bestell-Nr.: 9668

Inhalt

Warum wird man zum Wracksammler?

In keinem Land der Erde gibt es mehr verschollene Flugzeuge als in Papua-Neuguinea. Von einigen sind wenigstens Legenden unter den Einheimischen lebendig geblieben, andere sind seit fast fünfzig Jahren einfach spurlos verschwunden. Das liegt vor allem an den wilden, kaum zugänglichen Gebirgen, aus denen Neuguinea im Inneren besteht. Andere Maschinen fielen in die Meere, die diese Insel und die zum Staat Papua-Neuguinea gehörenden Archipele umgibt. Gar nicht zu reden von Savannen mit sechs Meter hohem Kunai-Gras und tiefen Sümpfen, die auch Einheimische nur unter Lebensgefahr betreten können.

Es sind vor allem Flugzeuge aus dem Zweiten Weltkrieg, die hier abgestürzt sind, denn zwischen 1942 und 1945 tobten in und um Neuguinea heftige Kämpfe zwischen Amerikanern und Australiern auf der einen und Japanern auf der anderen Seite. Damals gingen Hunderte, wenn nicht Tausende von Maschinen verloren, und heute werden in jedem Jahr zwei bis drei Wracks neu entdeckt. Dann rollt eine militärische Maschinerie an, die Männer, die in den Cockpits vom Tod überrascht wurden, werden endlich heimgebracht und in Ehren begraben.

An manchen Fundstellen liegen ein Dutzend und mehr Flugzeuge dicht beieinander: rund um die alten, im Krieg geheimgehaltenen Flugpisten, die damals schnell aus dem Urwald gehackt wurden, und an jenen strategisch ungünstigen Stellen, die von den Piloten bei miesem Wetter und unter

Feindbeschuß nur mit Glück erreicht werden konnten. Dazu kam noch, wie überlebende Piloten später klagten, daß es nur unzureichendes Kartenmaterial von dieser Rieseninsel gab.

Warum machen sich Menschen wie ich auf, um diese Wracks zu suchen? Weshalb unternehmen sie eine Reise in eine andere Welt, um diese seltsamen Ruinen des Zweiten Weltkriegs aufzuspüren?

Die Antwort hat viele Facetten. Natürlich will keiner der Wrack-Sammler den Krieg glorifizieren – jedoch die Technik, die hier eingesetzt wurde, ist faszinierend. Durch die hier aufgefundenen Wracks des letzten großen Weltkrieges wurde mir erst klar, wie sehr die moderne Zivilluftfahrt vom fliegenden Zerstörungswerk partizipiert hat. Auch wenn man Maschinen in den Pazifik schickte, die Oberkommandierende in Europa und Nordafrika nie akzeptiert hätten: Maschinen des Typs Bell P-39 „Airacobra", Curtiss P-40 „Kittyhawk", Vultee RA 31A „Vengeance" und Lockheed PV-1 „Ventura".

Noch faszinierender ist für mich jedoch die Leistung der Piloten, mit ungenügendem Material über einem Gebiet zu operieren, das flugtechnisch wahrscheinlich das schwierigste der Welt ist. Japaner und Alliierte überzogen Neuguinea mit einem außerordentlich dichten Netz von Flugpisten, die von den vielen Fluggesellschaften Papua-Neuguineas noch in unseren Tagen genützt werden.

Dann gibt es natürlich noch die Wrack-Touristen, die sich endlich Klarheit über die Verschollenen verschaffen wollen, die über vierzig Jahre nach Kriegsende erfahren möchten, wie und wann und warum Ehemänner, Väter und Söhne gestorben sind. Es sind die Angehörigen von Vermißten, deren Gebeine in den Flugzeugen, die zu ihren Särgen wurden, vermodern.

Und es gibt Sammler für private Zwecke und Museen in aller Welt, Schrotthändler und Souvenirjäger, die davon träumen, endlich mal eine annähernd komplette „Betty“ zu finden, einen schweren Mitsubishi-Bomber G4M1, und dann plötzlich zur größten Überraschung aller auf eine britische Hadley-Page W9 aus dem Ersten Weltkrieg stoßen, von deren Existenz kein Mensch etwas geahnt hatte. Sie lag an einem Hang des Mt. Misim, wo sie 1930 abgestürzt war, weil sie beim Flug von den Goldminen in Bulolo zum Hafen Salamaua zu schwer beladen worden war.

Andere entdecken plötzlich alte deutsche Flugzeuge, Junkers-Typen, die zwischen den beiden Kriegen als Fracht- und Passagiermaschinen in Neuguinea flogen und den Luftverkehr revolutionierten.

Neuguinea und die benachbarten Inseln wie New Britain oder Bougainville geben in dieser Beziehung noch immer viele Rätsel auf, aber die Chancen, ein komplettes Flugzeug an Land zu finden, haben sich inzwischen drastisch verringert. Man muß sich beeilen, denn wenn pro Jahr auch zwei bis drei neue Flugzeuge gefunden werden, so werden mindestens ebenso viele durch Buschfeuer und das extreme Klima vernichtet. Es gehört ungeheures Glück dazu, in diesem riesigen Land der Gletscher und Sümpfe, der Urwälder und Vulkane, der bis zu 4000 m hohen Berge und bis zu 9000 m tiefen Ozeane fündig zu werden. Vollständig erhaltene Flugzeuge liegen wohl nur auf dem Meeresboden oder in Gebieten, die von allen Seiten von undurchdringlichem Sumpf umgeben sind. Nur dort konnten die Maschinen jahrzehntelang sicher sein vor den Menschen – wie z. B. den Souvenirjägern oder den Einheimischen, die das Land abbrennen. Solche geschützten Flugzeug-Friedhöfe finden sich noch in den Flußsystemen von Ramu, Fly und Sepik.

Je schneller eine Maschine von Bäumen, Büschen und Gras überwachsen wurde, desto größer ihre Chance, heute noch intakt zu bestehen. Je tiefer sie im bis zu sechs Meter hohen Kunai-Gras, im Morast der Sümpfe und in den Dschungeln entlang der hohen Berge liegt, desto sicherer ist sie den zerstörerischen Eindringlingen entgangen. Auch wenn, Kehrseite der Medaille, die Besatzung unter solchen Bedingungen kaum überlebt hatte.

Ich habe mich auf der Suche nach den faszinierenden Wracks durch Sümpfe gekämpft und durch Dschungel gearbeitet, ich bin kreuz und quer über die Insel geflogen und mit dem Geländewagen hindurchgefahren. Dieses Buch berichtet über einen Zeitraum von fünf Jahren über meine Erlebnisse rund um die Wracks, wobei die Menschen und die herrliche Landschaft der Pazifikwelt nicht zu kurz kommen, weil sie zumeist doch noch interessanter sind als das tote Metall.

Alexishafen – Geheimtip für Wracksammler

Zwanzig Kilometer nördlich von Madang, an der Nordostküste Neuguineas, liegt ein Ort, der so klein ist, daß man glatt daran vorbeifährt, wenn man nicht aufpaßt. Ein Dutzend Häuser verstecken sich im übermannshohen Kunai-Gras und den dichten Büschen von Bougainvillea, Weihnachtssternen und Hibiskus. Die Siedlung heißt Alexishafen, wurde zu Kolonialzeiten von den Deutschen erbaut und hat sich seither so wenig verändert, daß man verblüfft ist, wenn man alte deutsche Kolonialaufnahmen gegen moderne Fotos hält.

„Alexis-Hafen" erhielt seinen Namen, als Madang noch „Friedrich-Wilhelm-Hafen" hieß und die Verwaltungshauptstadt von Deutsch-Neuguinea war. Heute ist der Ort ein Zentrum des Katholizismus auf der Insel. Es gibt zwei Missionsstationen und ein christliches College.

In zwei Weltkriegen war Alexishafen heiß umkämpft – hier verlor das Deutsche Reich seine Kolonie Kaiser-Wilhelm-Land, und den Alliierten gelang es 1945 erst nach enormen Verlusten, die Japaner von dort zu vertreiben. Zitat aus Tony Wheelers Handbuch für Papua-Neuguinea: „Es gibt entlang der nördlichen Küstenstraße einen schönen Wald aus Teakbäumen, der jedoch kommerziell völlig wertlos ist – die Stämme sind durchlöchert von Granatsplittern aus dem Zweiten Weltkrieg."

Kein Wunder, daß Alexishafen unter Wracksammlern als Geheimtip gilt. Für die Einheimischen eine ständige Quelle der

Irritation. Einerseits bedeuten die acht dort noch immer herumstehenden Flugzeuge eine Attraktion, deretwegen Interessenten aus der ganzen Welt kommen, die immer für ein paar Kina – die Landeswährung von Papua-Neuguinea – gut sind. Entweder weil sie Führer bezahlen müssen oder sich grüne Kokosnüsse gegen den Durst kaufen. Andererseits ist man über die Besucher nicht ganz glücklich. Viel zu viele „Interessenten" haben inzwischen die Wracks ausgeschlachtet, obwohl die Eingeborenen sie seit jeher als ihr Eigentum betrachtet haben.

Neben den reinen Souvenir-Schnorrern, die gern ein Stück Metall mit dem roten japanischen Sonnenball mit nach Hause nehmen möchten, gibt es allerdings auch sehr ernsthafte Ersatzteilsammler, die – für Museen und Privatkollektionen – zum Beispiel die Original-Treibstoffleitung einer Nakajima Ki 49-11 suchen oder den Cockpit-Fensterrahmen einer Boeing B-17 E. Wo sollten sie diese Teile schon herbekommen, wenn nicht aus den Dschungeln, Savannen und Sümpfen Neuguineas?

Die Einheimischen sind hin und her gerissen zwischen dem Wunsch, ihre Schätze zu zeigen und sie zu beschützen. Deshalb ist es nicht ganz leicht, dieses Freilichtmuseum der pazifischen Kämpfe zu besichtigen, obwohl die Wracks riesiger Bomber oft nur 500 m Luftlinie von der Hauptstraße zwischen Madang und Wewak entfernt liegen.

Für mich ist allein schon die Autofahrt von Madang nach Alexishafen ein herrliches Erlebnis, denn ich glaube nicht, irgendwo anders in der Südsee eine schönere, friedlichere Straße gesehen zu haben. Das asphaltierte Band führt durch ein Paradies, gesäumt von Tausenden bis zu fünfzehn Meter

Kinder verkaufen Wrackteile an Sammler, obwohl das nicht gern gesehen wird

hohen Kokospalmen. In ihren Büschelkronen rauscht der Wind, zwischen den Stämmen blitzt von Zeit zu Zeit das Meer auf, die Palmen werfen verspielte, sich ständig ändernde Schattenmuster auf die Straße. Wenn man anhält und den Motor abstellt, ist es so still, daß man das Herunterfallen einer Kokosnuß auf weite Entfernung wie einen dumpfen Knall hört. Man vernimmt ein undefinierbares Rauschen, über das man lange rätseln kann: Ist es der Wind in den Kronen, sind es die Wellen am Strand, oder hört man – in dieser Stille – doch nur das Blut im eigenen Ohr?

Während dieser Fahrt durch den Garten Eden erinnere ich mich plötzlich an den alten Film über die Meuterer von der *Bounty*, die auch durch so einen Palmenwald gestrolcht sind und dann nicht mehr nach Hause wollten. Mit einem Mal bekomme ich Sehnsucht nach einem Glück, das nicht definierbar ist, von dem man nur die Abziehbilder kennt.

Und selbst die Polizei, sonst nicht gerade zartbesaitet in Papua-Neuguinea, scheint milde gestimmt in dieser Umgebung. Denn als ich einem der weiß-blauen Streifenwagen begegne und nach Alexishafen frage, erklären sie mir den Weg: „Bis zur großen Linkskurve, aber dann nicht der Straße folgen, sondern geradeaus in einen Feldweg fahren." Als ich den Weg trotz der guten Beschreibung nicht finde, höre ich Polizeisirenen, der Streifenwagen kommt mit Blaulicht hinter mir hergerast. Verschreckt verlasse ich meinen Wagen – dabei waren mir die Polizisten nur vorsichtshalber gefolgt, und als ich mich verfuhr, kamen sie hinterher, um mich nach Alexishafen zu geleiten.

Es gibt keinen Sandstrand, aber stille Buchten mit glasklarem Wasser. Die Wiesen reichen bis unmittelbar zum

Jetzt zum schrecklichen Spielzeug von Kindern geworden – eine Flugabwehrkanone aus dem Zweiten Weltkrieg

Korallenufer, an dem kleine Jungen mit dünnen Ästen und alten Nylonschnüren angeln. Die Patres haben Gemüsegärten und Blumenbeete angelegt. Eine Stille der Beschaulichkeit liegt über Alexishafen, und als in der Ferne das Glöckchen einer Kirche anschlägt, fällt mir das kaum auf, so sehr paßt es zum Frieden um mich herum.

Die Narben des Krieges sind an den Teakbäumen in die Höhe gewachsen, die tropische Vegetation hat die Wunden mit blühendem Schorf bedeckt. Doch in Alexishafen liegen noch

Panzerwagen und Flugzeuge, Kanonen und Bunker. Kurz nach dem Krieg zählte man hier allein dreiundvierzig japanische Bomber und Jäger. Und wie überall auf Neuguinea, so tauchen auch in Alexishafen immer wieder „Reliquien der Feindseligkeit" aus den Dschungeln auf, von denen bisher nichts bekannt war.

Hier zeigt sich besonders deutlich, wie schwer selbst riesige Wracks zu finden sind. Ich habe eine „Sally", das ist ein Mitsubishi-Bomber von 22,50 m Spannweite, 16 m Länge und 4,85 m Breite, nicht mal aus zehn Meter Entfernung entdecken können – so versteckt lag sie im Busch.

Es ist heiß, mein Taschenthermometer klettert im Freien auf 38 Grad. Der Wind vom Meer verschafft jedoch Kühlung, und zusätzlich vermeide ich es, stillzustehen. Denn nur wer sich bewegt – und das ist einer der ältesten Tropentricks – entkommt der Hitze. Ein Mann, von dem ich annehme, daß er ein Missionar ist, rattert auf einem Traktor vorbei. Ich halte an und frage ihn nach den Wracks.

„Moses", antwortet er und deutet aufs Ufer, wo die Jungen stehen und angeln. Natürlich denke ich zuerst an irgendein Gleichnis, bis ich begreife, daß er einen Jungen gemeint hat, einen auf den Namen Moses getauften, der sich auskennt mit den Wracks.

Also rufe ich einfach mal Moses, und tatsächlich wirft einer der Jungen seine Angel weg und kommt angelaufen. Er ist neun Jahre alt, spricht ganz gut Englisch und stellt mir zuerst einmal eine Frage: „You compass?" Ich nicke. Darauf er: „You clever." Daraufhin schütteln wir uns die Hände, und er verlangt einen Kina pro Tag, das sind umgerechnet etwa zwei

Mark. Ich akzeptiere das, aber Moses schickt mich wieder weg: „Morgen", sagt er, „heute zu spät." Es ist gerade zehn Uhr. „Acht Stunden bis Sonnenuntergang müßten doch eigentlich reichen", erwidere ich. Aber Moses schüttelt den Kopf. „Dann siehst du nicht alles." Ich gebe ihm recht und kehre um. „Morgen an der Kirche – acht Uhr!" ruft er mir noch nach.

Hinterher stellt sich heraus, daß wir nicht nur einen ganzen Tag benötigen, sondern vier, um ein Quartett allerdings exzellenter Wracks zu finden und Hunderte anderer Relikte. Und ich verstehe auch, warum er mich nach meinem Kompaß gefragt hatte: Einige der Flugzeuge liegen in hohem Gras, und der Wind kann diesen Wald aus Halmen derart verändern, daß selbst ein kundiger Führer in die Irre läuft. Vielleicht hätte Moses sich ja auch ohne Kompaß zurechtgefunden, aber das Wissen um die kleine Wundermaschine gibt ihm Sicherheit.

Moses ist übrigens ein guter Geschäftsmann und erfahren dazu, denn er hat bereits zahlreiche Besucher zu den Wracks geführt. Am zweiten Tag verlangt er zusätzlich einen Kugelschreiber zum Kina, und am dritten Tag ein Feuerzeug, am vierten ein T-Shirt, aber dafür schenkt er mir eine durch langes Tragen in seiner Hosentasche hellglänzend polierte Patronenhülse aus Messing. „U-S-A", buchstabierte er langsam – und schickte ein „Bum-bum" hinterher. Ich bezweifle aber bis heute, daß das Geschoß aus dem Zweiten Weltkrieg stammt, was ich Moses natürlich nicht sagte.

Der Marsch durch das bis zu sechs Meter hohe Kunai-Gras ist anstrengend und nicht ganz ungefährlich. Die Halme haben die unangenehme Wirkung messerscharfer Lanzetten und zerschneiden die Haut ebenso wie die Lederschuhe. Ich wundere mich nach dem ersten Tag, warum meine Stiefel nach vier

Unser Marsch durch das messerscharfe Kunai-Gras

Stunden Marsch durchs Gras geradezu geschält sind – bis ich einmal in Morast einsinke, hilfesuchend nach dem Kunai-Gras greife und mir die Hand zerschneide, als ob ich in ein Bündel Messer gegriffen hätte.

Das ist unangenehm, weil sich diese Verletzungen schnell entzünden, vor allem durch den Schmutz, der vom letzten Buschfeuer zurückgeblieben ist und der einen nach einem Tagesmarsch völlig schwarz färbt. Meine blutende Hand desinfiziere ich, indem ich aus dem Auto etwas Benzin absauge und darübergieße. Moses schüttelt mißbilligend den Kopf, und später weiß ich warum: Ich hätte besser Kokosmilch genommen, die einzige sterile Flüssigkeit, die „wild" in der Natur vorkommt.

Wichtig ist, daß man in dieser Savanne, durch die der Mensch wie ein Zwerg läuft, die Uhrzeit beachtet. Immer etwa ab 17 Uhr beginnen die Moskitos zu schwärmen, und das ist die Zeit, in der man sich die Malaria holt. Wer weiß, daß er so spät noch unterwegs sein wird, muß lange Hosen und langärmlige Hemden tragen. Die Anopheles, die Mücke, die die Malaria überträgt, lebt in den vielen Tümpeln, die sich im Kunai-Gras verbergen, den sumpfigen Gewässern, auf deren Oberfläche geheimnisvolle Blasen platzen wie von unterirdischen Gasen. Man muß höllisch aufpassen, nicht in diese schwarzen Tümpel zu fallen, die unsichtbar sind bis auf zwei Schritt Entfernung.

Das Gras ist Schlangenland, man ahnt die Reptilien mehr als man sie sieht, aber Moses, der auf seinen Hornhautsohlen barfuß geht, warnt mich immer wieder: „Es sind kleine schwarze Schlangen und größere braune, und die Taipan ist die schlimmste." Sie sind giftig, die Schlangen, und wir treten mit jedem Schritt laut auf, damit sie die Vibration spüren und vor uns flüchten. Tatsächlich haben wir keine einzige gesehen.

Immer wieder kommen wir an zwei bis drei Meter hohen verlassenen Termitenhügeln vorbei, die inzwischen von Hornissen bewohnt werden. Deren Stich ist äußerst schmerzhaft, und ein weiter Umweg, selbst in dieser Hitze, lohnt sich deshalb. Das Fatale an diesen Insekten ist, daß man sie nicht hört. Sie fliegen lautlos, aber selbst, wenn man sie hören könnte, würde das nicht viel nützen – der Pfad durch das Gras ist nur so breit wie zwei Schuhe, man kann vor oder zurück laufen, aber kaum seitwärts ausweichen.

Wenn der Pfad einen Knick macht, bleiben wir stehen und horchen. Die Einheimischen pflegen das Gras abzubrennen, um Land zu gewinnen oder die flüchtenden Tiere zu erlegen. Es kommt vor, daß Menschen von den Flammen, die rasend schnell um sich greifen, gefangen werden. Es ist sehr schwierig, die Richtung eines Feuers zu deuten, wenn man tief in der Savanne steckt und nur knapp fünf Meter weit durch das Meer der gelben Halme sehen kann. Plötzlich steht die Feuerwalze vor einem.

Von oben jedoch, aus der Perspektive der Piloten, wirkt Kunai-Gras wie ein weicher Teppich, und tatsächlich sind die meisten der gut erhaltenen Flugzeuge auch hier oder in den Sümpfen gelandet. Aber Dutzende von Maschinen müssen in der Savanne einfach verschwunden sein, eingetaucht in das Grasmeer. Als vor ein paar Jahren ein australischer Wracksammler einen Hubschrauber charterte, um einen B-26-Bomber zu finden, von dem ihm Einheimische berichtet hatten, entdeckte er eine bis dahin unbekannte Douglas A-20C „Boston“ und eine Boeing B-17E „Fortress“. Letzteres immerhin ein fliegendes Schlachtschiff von fast 32 m Spannweite. Vierzig Jahre lang hatte kein Mensch von der Existenz dieser beiden Flugzeuge gewußt. Aber die B-26 fand der Australier nicht. Er fand sie erst später, zu Fuß. So dicht ist Kunai-Gras, das von oben aussieht wie ein gelbgrünes Meer, in dem sich das Gras bewegt wie Wellen.

Wer in Alexishafen auf Expedition geht, muß sich mit den Verniedlichungen vertraut machen, mit denen die Alliierten den japanischen Feind zu vermenschlichen suchten. Da gab es kleine Wasserflugzeuge des Typs Mitsubishi F1M2, die von

Schiffen aus starteten und nachts Angriffe gegen amerikanische und australische Stellungen flogen, Bomben abwarfen, mit Maschinengewehren um sich feuerten oder einfach nur Lärm machten, bei dem keiner schlafen konnte und wollte. Diese Maschinen schnurrten etwas eigenartig und hießen deshalb „Washing Machine Charlies" – Waschmaschinen-Charlies.

Hinter der Missionsstation von Alexishafen liegen vier Flugzeuge, die im Krieg merkwürdige Vornamen trugen, englische noch dazu, aber zwischen 1941 und 1945 den täglichen Tod bedeuten konnten. Die Kosenamen sollten die japanischen Flugzeuge, die ihren alliierten Gegnern meist weit überlegen waren, verharmlosen: „Lily", „Tony", „Sally" und „Oscar".

„Lily": die Kawasaki Ki 48-II, ein Bomber, der schneller als halbe Schallgeschwindigkeit fliegen konnte und mit vier Mann Besatzung sowie drei Maschinengewehren bestückt war.

„Tony": die Kawasaki Ki 61-I, ein Jagdflugzeug mit nur einem Mann Besatzung, aber vier Maschinengewehren. Höchstgeschwindigkeit: fast 600 km/h.

„Sally": der bereits erwähnte Monsterbomber von 22,5 m Spannweite, der fünf Mann Besatzung, sechs Maschinengewehre und 1100 kg Bomben befördern konnte.

„Oscar": die Nakajima Ki 43-I, ebenfalls ein Jagdflugzeug, das sich wegen seiner geringen Größe (nur 8,83 m lang und 3,47 m breit) fast unsichtbar machen konnte und deshalb besonders gefürchtet war.

Sie alle liegen in einem Umkreis von etwa einem Kilometer, und als ich später Gelegenheit hatte, mit einem neuseeländischen Missionar in seiner Cessna einen Rundflug zu machen, sah ich zwar die japanischen Maschinen nicht, konnte aber deutlich erkennen, daß da, wo Moses und ich durch das Gras und um die Tümpel und Termitenhügel herumgestolpert waren, früher mal eine Landebahn gewesen sein mußte – im Krieg der Militärflughafen von Alexishafen. „Lily“, „Tony“, „Sally“ und „Oscar“ waren also nicht zufällig so nah beieinander abgestürzt, sondern ihre Piloten hatten versucht, die lädierten Maschinen mit letzter Kraft auf die Piste zu bringen, was ihnen aber nicht mehr gelungen war.

Vier Tage streiften Moses und ich durchs Gras. Es war ein Marsch, den jeder nachvollziehen kann, der einigermaßen gut durchtrainiert ist – und seine Nerven im Zaum hat. Denn es sind nicht nur die Schlangen, Hornissen und Moskitos, die bedrohlich sind, dazu kommt, daß das Aufspüren der toten Maschinen immer ein bißchen wie Grabschändung wirkt. So müssen sich die Archäologen in Ägypten gefühlt haben, als sie ins Innere der Pyramiden vordrangen. Flugzeugwracks sind Mausoleen, auch wenn die Toten längst entfernt oder verwest sind. Wie stählerne Särge liegen sie da in ihrer Ruhe, in der nur jene Geräusche stören, die man selbst produziert.

Und so führte mich Moses, manchmal begleitet von seinen Freunden, zu dem japanischen Quartett: Wir fuhren von Alexishafen nicht den Feldweg entlang zur Missionsstation, sondern bogen die rechtwinklige Kurve nach links in Richtung Bogia und Wewak ein. Nach 250 m geht links ein Feldweg ab, der mit doppeltem Stacheldraht versperrt ist. Diesen Draht muß man öffnen und 300 m hineinfahren (Achtung: tiefe Wasserlöcher!) und dann parken. 50 m rechts in einem auffälligen Gebüsch liegt bereits die „Lily“.

Sie ist fast unsichtbar, denn in den vierzig Jahren seit ihrem Absturz sind mehrere Bäume durch sie hindurchgewachsen, und ein bißchen haben die Stämme das Wrack sogar emporgehoben. Das Metall der Außenhaut hat auf mysteriöse Weise die Farbe der Natur angenommen: ein bräunliches Grün wie Camouflage.

Ein Stück entfernt vom Rumpf liegt das Metallgitter der wie eine Kuppel gebauten Nase. Das Glas ist natürlich längst verschwunden, nicht einmal Splitter liegen herum. Sucht man ein bißchen, findet man einen abgesprengten Flügel. Die „Lily" muß mit ungeheurer Wucht aufgeschlagen sein, hat wahrscheinlich noch einen Baum abrasiert und blieb mit ihrem Fahrwerk im weichen Boden stecken. Was aus der Besatzung

Der abgesprengte Flügel der „Lily"

wurde, ist nicht bekannt. Daß sie überlebt haben könnte, ist bei dem Zustand der Maschine nur schwer vorstellbar.

Bis hierher war's noch leicht, aber nun beginnt das hohe Kunai, dem Elefantengras Ostafrikas nicht unähnlich. Man muß zum Feldweg zurück, dringt zu Fuß weiter vor bis zu einer Art Buschkreuzung und folgt dem Pfad, der rechts hineinführt – zunächst ist er noch recht übersichtlich, wird aber bereits morastig.

Wer nach hundert großen Schritten genau nach rechts schaut, etwa in Richtung der „Lily", bemerkt in den Bäumen, aus denen die Blüten des Flamboyant blutrot und orange leuchten, einen merkwürdigen Gegenstand: braunrot, spitz zulaufend und hoch aufgerichtet wie eine Art Bake. Es ist die Finne der „Tony", die beim Aufschlag steckenblieb. Grasbrand hat die Finne abgefackelt, die Form blieb jedoch erhalten.

Es ist mühsam, ohne Pfad quer durch das Gras zur „Tony" zu gelangen. Aber es lohnt sich, denn von dort führt ein Schleichweg zum „Oscar". An ihm kann man nicht nur ein interessantes Wrack studieren, sondern gleich japanische Flugzeugbaukunst. Denn die Nakajima liegt da, als hätte sie einer in ihre Einzelteile zerlegt. Sie muß auf dem Bauch gelandet sein, dabei mit einem ihrer rund fünf Meter langen Flügel den Boden gestreift haben und schräg zum Stillstand gekommen sein – und genauso liegt sie noch da.

Den aufragenden Flügel kann man erklettern wie eine Sprungschanze, und merkwürdigerweise hat sich bisher niemand für die Instrumente und Leitungen, Schrauben und Muttern interessiert, die darunter am Boden liegen. Bei der „Tony" steht sogar noch das komplett erhaltene Cockpit neben der Finne. Man kann hineinklettern, sich auf das winzige

Die Finne der „Tony"

Metallstühlchen setzen, einen Steuerknüppel bedienen und sich vorstellen, was für ein Gefühl man beim Kamikaze haben muß ...

Das Abenteuer beginnt so richtig mit der Suche nach der dicken „Sally": eine Mitsubishi Ki 21-IIb, die 10 km hoch und 2700 km weit fliegen konnte. Der Pilot brachte sie noch einigermaßen sauber herunter, verfehlte dann jedoch den Airstrip und krachte in eine Lichtung, die von mehreren Bäumen umgeben ist. Die waren damals sicher noch nicht so hoch wie heute, aber immerhin stabil genug, um der „Sally" einen Flügel abzureißen. Sonst jedoch ist der Riesenvogel in einem bemerkenswert guten Zustand – wenn man ihn findet. Denn die Mitsubishi steht in dieser mittlerweile zum grünen Dom zusammengewachsenen Lichtung wie in einem natürlichen Hangar, und Schlingpflanzen haben sie wie mit einem Tarnnetz eingesponnen.

Um von „Tony" und „Oscar" zu „Sally" zu gelangen, balancieren wir auf sumpfigem Boden zwischen den Tümpeln entlang, zwängen uns durch Büsche, die plötzlich den Pfad versperren. Plötzlich ein Geräusch. Im Gras bewegt sich etwas! Moses bleibt wie versteinert stehen, legt einen Finger an die Lippen und horcht. Da tritt ein alter Mann aus der gelben Graswand, auf dem Kopf ein Bündel Holz, das er gesammelt hat. Er ist ebenso erschrocken über uns wie wir über ihn, aber als Moses ihm erklärt, daß wir zum Wrack wollen, begleitet er uns.

Hier zwischen den reflektierenden Teichen ist die Hitze fast unerträglich. Die Hand habe ich mir längst zerschnitten, das Blut trocknet jedoch nicht so recht in der Feuchtigkeit, und ich reiße den unteren Rand von meinem Hemd ab, um mich zu verbinden. Der alte Mann mit dem Holz auf dem Kopf geht voraus und rutscht einmal so unglücklich im Morast ab, daß wir ihn aus einer flach aussehenden Kuhle herausziehen müssen, in die er bis halb zum Oberschenkel eingesunken ist.

Wir bleiben so dicht hintereinander, um uns nicht zu verlieren, daß ich mehrmals in den alten Mann renne, als er plötzlich stoppt. Einmal begegnen uns neun Männer mit Buschmessern, und Moses berichtet, daß ein paar Kilometer weiter drinnen ein Dorf liegt.

Mehr als zwei Stunden sind bereits vergangen, ehe wir uns

Das Wrack der „Sally" wirkt wie eine Hollywood-Kulisse

dem „Hangar“ nähern. Dicke Wurzeln liegen wie Riesenschlangen frei auf dem Boden und treffen sich fast mit den tiefhängenden Ästen der Bäume. Der alte Mann wirft seine Holzlast ab, und gemeinsam kriechen wir in das Innere der überwachsenen Lichtung. Die Augen brauchen eine Zeitlang, um sich an das mattgrüne Licht zu gewöhnen, in das nur einzelne Sonnenstrahlen eindringen – und da steht sie: übermannshoch, als sei sie eben erst gelandet, als Raumschiff auf einem grünen Planeten, unglaublich gut erhalten.

Wie Rettungsseile hängen Lianen aus den Baumkronen herunter, deutlich ist unter einem Flügel der rote japanische Sonnenball zu erkennen, und was die Szene besonders unheimlich macht, ist das Schweigen in diesem Mausoleum des Kriegswahnsinns. Ich komme mir vor wie in einer Bühnendekoration, wie auf dem Set einer Hollywoodproduktion. Als habe ein Regisseur die „Sally“ hier plazieren lassen, um einen Film über General McArthur zu drehen.

Dabei ist alles echt. Hier sind wirklich Japaner gelandet. Seit über vierzig Jahren steht die Mitsubishi geparkt wie ein Denkmal auf dieser Lichtung.

Als wir vorsichtig ans Cockpit heranschleichen, bewegt sich etwas – eine Python. Wie ein gleitendes Zickzackmuster kriecht die Schlange in Sicherheit. Ich sehe von ihr immer nur ein Stück von dreißig Zentimetern zwischen zwei Streben des Cockpit-Fensters vorbeigleiten, dann erscheint ein Stummelschwanz, es klatscht, und der Spuk ist vorbei. Die Python, die ich auf drei bis vier Meter schätze, hat das Cockpit für uns geräumt.

Die dicke „Sally“ ist ein Wrack zum Herumspielen. Die Landeklappen sind noch ausgefahren, die Motoren hängen unter den Flügeln, und lediglich die Propeller haben Schrottsammler gleich hinter den Naben sauber abgesägt. Die dünne Metallhaut der Maschine ächzt, wenn man über den rechten Flügel zum Rumpf vordringt. Ich bemühe mich, nicht in die Löcher des Leichtmetallrahmens zu treten, sondern auf die Streben – und so locker steht die Ki 21, daß ich mit einem Wippen auf dem Flügel den ganzen Bomber bewegen kann.

Durch die Deckluken erkenne ich die beiden blankgescheuerten Pilotensitze, und weil das Glas fehlt und die Fensterkreuze weit genug auseinanderstehen, kann ich bequem einsteigen. Die „Sally" ist innen fast mannshoch, und ich taste mich in dem unsicheren grünen Licht bis zum Cockpit vor, dessen Nase abgesprengt ist. Ich sehe sie von hier oben ein Stückchen weiter links liegen.

Auf dem Sitz des Copiloten stelle ich mir vor, wie der Absturz wohl vor sich gegangen ist

Es ist erstaunlich, wie gut erhalten die Instrumente noch sind. Der Steuerknüppel ist ebenso festgerostet wie etwas, das aussieht wie eine Handbremse, aber griffbereit. Und so nehme ich Platz auf dem Stühlchen des Copiloten und ertappe mich, wie ich leise brumme.

„Sally" ist der Star von Alexishafen und trotz der grausigen Wirklichkeit auch das romantischste Wrack der Gegend. Es muß herrlich gewesen sein, die Ki 21 in Friedenszeiten zu fliegen, denn sie besaß nicht nur eine verglaste Nase, sondern auch so etwas wie Aussichtstürme auf dem Rumpf. „Sally" wäre, wenn sie nicht den Tod gebracht hätte, eine wunderbare Touristenmaschine gewesen – mit Fenstern nach allen Seiten –, um sich Neuguinea und die Südsee anzuschauen.

Aber es geht auf 17 Uhr zu, die Moskitos beginnen zu schwärmen, und Moses drängt. Um 18 Uhr sinkt die Dämmerung herab, und obwohl wir es zurück in einer Stunde schaffen müßten, zuckt der Kleine mit den Schultern und meint wohl: "Man weiß nie!" Der alte Mann verabschiedet sich von uns und verschwindet mit seiner Holzladung. Er wollte zur Belohnung meine Sonnenbrille haben, aber da ich nur diese eine dabeihabe, mußte ich ihm seinen Wunsch, so leid es mir tat, abschlagen.

Es sind nicht so sehr die Moskitos, die Moses Sorgen machen, auch nicht die sinkende Dämmerung, in der wir uns verlaufen könnten. Er fürchtet sich vor den Seelen der toten Japaner, die er immer noch in ihrem Flugzeug vermutet. Ich versuche ihm klarzumachen, daß die Maschine so unversehrt zwischen den Bäumen steht, daß die Besatzung wahrscheinlich überlebt hat – im Gegensatz zu den armen Teufeln in der

„Lily“, der „Tony“ und im „Oscar“. Aber der Neunjährige blickt mich verständnislos an. Vögel, die vom Himmel fallen, bleiben nicht am Leben, lese ich in seinen dunkelbraunen Augen.

Wir beeilen uns. Und wofür wir vorher zwei Stunden benötigten, schaffen wir jetzt in fünfzig Minuten. Obwohl es bald Nacht wird, ist die Temperatur kaum zurückgegangen, nur der Wind hat etwas stärker eingesetzt. Da ich bereits eine chronische Malaria habe, stört es mich nicht besonders, daß die Moskitos in dichten Schwärmen anrücken.

Später begleitet mich mein Freund Wolfgang Drehsen noch einmal zur „Sally“ und den anderen Wracks, um Fotos von ihnen zu machen, und da passiert etwas Merkwürdiges: Nur einen Moment lang legt er seine Sonnenbrille ab – und da ist sie verschwunden! Wir suchen die Brille über eine Stunde lang. Jeden Zentimeter grasen wir in einem Meter Umkreis von der Stelle ab, an der er sie hingelegt zu haben glaubte. Sie bleibt verschwunden.

Jetzt hat jeder so seine Theorie: Drehsen vermutet, daß uns jemand begleitete, versteckt im Busch, und nur darauf lauerte, daß wir etwas ablegen. Ich argwöhne, Drehsen habe sich die Stelle ganz einfach falsch gemerkt. Aber Moses wiegt bedächtig seinen kleinen klugen Kopf, sagt jedoch nichts. Es ist eh klar, was ihm schwante – daß eine der japanischen Seelen aus dem Bomber der Dieb war, daß der Geist eines Fliegers aus dem Jenseits uns seine Präsenz hatte beweisen wollen.

Und komischerweise ist Moses jetzt nicht mehr erschreckt, sondern richtig stolz. Weil er, wie er glaubt, recht behalten hat und die dummen „Dim-Dim“ für ihre Ignoranz bestraft worden sind. Unklar bleibt dabei allerdings, was ein Unsichtba-

3 9668-14

rer mit einer Sonnenbrille im Reich der Toten will. Ich spreche Moses nicht auf dieses Problem an, bin aber sicher, er hätte auch dafür eine Erklärung.

Man muß sich Alexishafen wie ein großes Bein vorstellen: Der Oberschenkel ist der Palmenwald, am Knie liegt die erste Missionsstation (die mit der Kirche und den jugendlichen Anglern), an der Ferse findet man Saint Francis, die zweite Missionsstation, und beim großen Zeh das College von Saint Fidelis.

„Lily", „Tony", „Sally" und „Oscar" stehen etwa beim oberen Unterschenkel oder in der Nähe der Kniekehle.

Der Weg nach Saint Fidelis, wo eine japanische Flugabwehrbatterie installiert war, ist gespickt mit alten Flugzeugteilen. Statt Wegmarkierungen stehen Flugzeugmotoren auf Sockeln zwischen den Palmen, und Propeller versperren nicht befahrbare Abzweigungen wie gekreuzte Gatter. Die Japaner hatten einen Angriff zur See ebenso befürchtet wie einen aus der Luft, denn in Alexishafen stand ein wesentlicher Teil ihrer Flugzeugflotte im nördlichen Neuguinea.

Es ist angenehm kühl rund um Saint Fidelis, und wer hier auf Pirsch gehen möchte, kann dies sogar in Halbschuhen tun, was ziemlich gefährlich wäre bei „Lily", „Tony", „Sally" und „Oscar". Eine friedliche Nachkriegsgeneration hat die Spuren der Verwüstung zu einem Mahnmal zusammengebaut, das den Eingang zum College schmückt: Ein Flugzeugmotor, eine Schiffsschraube und zwei Kanonen – Luftwaffe, Marine und Heer – wurden zu einer Art Plastik zusammenzementiert und merkwürdig beschriftet mit einem Wort, das man lesen kann, wie man will, es ergibt keinen Sinn: JISASIKIRUP.

Aus einem Flugzeugpropeller wurde ein Wegweiser

Moses lacht, als ich es buchstabiere und immer wieder verschieden betone, um durch den Klang seine Bedeutung zu verstehen. JISASIKIRUP ist Pidgin-Englisch, die Lingua franca von Papua-Neuguinea, und bedeutet soviel wie „Jesus ist auferstanden".

Zwanzig Kanonen und ein Dutzend gut erhaltener, oft übermannshoher Anker habe ich rund um Saint Fidelis gezählt, immer mit Blick über den Pazifik und auf ein Gewirr von Buchten, auf winzige Inselchen und eine Dünung, die zu schwer ist, um zu Brandung aufzuschäumen. Vom Ufer aus sehe ich hellgelbe, tiefblaue, leuchtendgrüne und wie Zebras gestreifte Fische im schwarzblauen und doch glasklaren Wasser.

Es ist nicht weit von Saint Fidelis nach Saint Francis, das weniger eine Kirchengemeinde ist als vielmehr eine landwirtschaftliche Kommune mit Gemüseanbau und Holzverwertung. Saint Francis ist die letzte meiner Stationen in Alexishafen und bemerkenswert nur dadurch, daß die Missionare jedes Flugzeugteil, das sie seit Kriegsende fanden, zu einem Schrottstapel aufgetürmt haben. Ich erkenne Teile von mindestens sechs Maschinen, darunter eine Mitsubishi Ki 46-II „Dinah", eine Nakajima Ki 49-II „Helen" und eine Vultee RA 31A „Vengeance".

Wenn sich der Besuch bei Saint Francis vielleicht nicht wegen dieser Maschinen lohnt – dann sicher wegen der Kokosnüsse. Dreißig Pfennig bezahlt Moses für eine frisch vom Baum geschlagene Frucht. Ich öffne sie mit einer Machete, die ich immer mitnehme und im Auto parat liegen habe, und wir beide trinken die klare und überraschend kühle

Milch. Sie schmeckt köstlich, und außer Tee stillt nichts so gründlich tropischen Durst.

Ich verabschiede mich von Moses und fahre zurück nach Madang. Ich ärgere mich, daß ich erst in der Dämmerung aufgebrochen bin, denn ich wollte noch einmal jeden Meter der Straße durch den Palmenwald genießen – solange es noch etwas zum Genießen gibt. Denn als ich dieses wiegende Paradies zum letzten Mal durchfahre, fallen mir immer wieder tote Bäume auf: kahle Strünke ohne Blätterkronen, oft schon drei Meter über dem Boden gebrochen und morsch wie altes Packpapier.

In einer Plantage sitzt ein Einheimischer, an einen noch lebenden Stamm gelehnt, und spielt weltverloren auf seiner Flöte. Ich halte und muß ihn zweimal ansprechen, ehe er reagiert, dann sagt er: „'vning, Dim-Dim – guten Abend, weißer Mann" und reicht mir seine Hand.

„Warum sterben die Palmen?" möchte ich wissen.

„Weil sie nicht länger leben dürfen", lautet die typisch neuguineische Antwort, die zeigt, wie unpräzise meine Frage war.

„Warum dürfen sie nicht länger leben?"

„Weil sie sterben müssen", erwidert der Flötenspieler.

„Und wer läßt sie sterben?"

Das war das Ende der Unterhaltung. Der Einheimische setzt die Flöte wieder an die Lippen und denkt den Melodien nach, die er seinem Instrument entlockt.

In Madang erfahre ich später, daß Palmen in Papua-Neuguinea streng geschützt sind. Nicht mal ihr Besitzer darf sie fällen. Aber Palmen produzieren nur Kokosnüsse, und die bringen wenig Geld. Also gießen die Besitzer der Plantagen irgendeine Säure unten an die Stämme, und das überleben die Palmen kein Jahr. Tote Palmen darf man fällen, und so werden die Kokospalmen allmählich durch Kaffeepflanzen ersetzt. Die Bohnen sind inzwischen drittgrößter Devisenbringer, und verglichen mit den Kokosnüssen ist Kaffee auf dem Weltmarkt Gold wert.

So stirbt selbst im Land der Papuas mit der Habgier die Beschaulichkeit, und man wird sich beeilen müssen, um den Palmenwald von Alexishafen noch zu sehen.

Übrigens: Ich mußte, wie alle anderen Reisenden vor mir, ein bißchen rätseln, bis ich auf die Spur der deutsch klingenden Namen kam. Finschhafen zum Beispiel wurde 1885 von dem Südseereisenden, Ethnologen und Ornithologen Otto Finsch gegründet. Alexishafen heißt nach einem heute fast vergessenen Schriftsteller aus Preußen, und immer noch gibt der Eiserne Kanzler seinen Namen dem höchsten Gebirge Neuguineas: Bismarck-Range.

Mambi war einmal Kopfjäger

Das Zentrum von Madang ist ein großer, offener Platz, auf den alle Straßen sternförmig münden, und die Reisenden treffen sich dort aus drei Gründen: wegen des täglichen Obst- und Gemüsemarktes, wegen des alten deutschen Kolonialfriedhofs und um die Fliegenden Hunde zu beobachten, die sich jeden Morgen und jeden Abend zu Sonnenauf- und -untergang in den Kronen zweier gewaltiger Bäume versammeln.

Fliegende Hunde sind Säugetiere, deren fledermausartige Flügel bis zu 1,20 m Spannweite haben können. Sie leben in Gruppen, und man sieht oft Hunderte von ihnen, wie sie majestätisch durch die Lüfte schweben. Die Legende, daß diese harmlosen Tiere sogar Menschen in Hängematten anfallen, um ihnen Blut abzuzapfen, ist nicht totzukriegen. Dabei sind die Fliegenden Hunde Obstfresser, die ab und zu auch mal Insekten verspeisen und selbst als so schmackhaft gelten, daß sie in einigen Ländern Asiens, in Indien zum Beispiel, im Kochtopf enden.

Landen die Fliegenden Hunde auf ihrem Zielbaum, erhebt sich jedesmal ein heftiges Gekreisch, wenn die, die bereits kopfüber in den Ästen hängen, ihre Schlafplätze gegen die Nachzügler verteidigen müssen. Die Tiere richten oft erhebliche Schäden in den Gärten und Obstplantagen an, und ihre Ausscheidungen sind derart ätzend, daß man die bei ihnen besonders beliebten Bäume daran erkennt, daß ihnen jegliches Grün fehlt – vernichtet bei Tag, wenn die Fliegenden Hunde in

Fliegende Hunde in Madang

Ruhestellung am Baum hängen und ihre Exkremente loswerden. Aber sie in der Luft zu sehen, ist ein Genuß, denn sie können besser fliegen als viele Vögel, und sie setzen ihre Schwingen wesentlich vielseitiger ein. Ihr Fliegen ist ein Schweben, ein langsames Gleiten, bei dem man die Kraft jedes einzelnen Flügelschlages zu erkennen scheint. Pünktlich um 8 Uhr 30 sind sie mucksmäuschenstill und schlafen dann den ganzen Tag, um erst gegen Abend wieder aufzuwachen und in die Nacht zu starten. Nachts haben die Einheimischen Respekt vor den „Vampiren", am Tag jedoch bewerfen sie die Tiere mit

Steinen, damit sie aufflattern und die Touristen sie fotografieren können, was die Fliegenden Hunde mit ärgerlichem Grunzen quittieren.

Der alte Kolonialfriedhof liegt erhöht auf einer Art Plattform. Er ist wild überwuchert, und ein paar ausgetretene Stufen führen auf ein verrostetes Gittertor zu, das beim Öffnen nach Öl quietscht. Ein niedriges Mäuerchen schirmt die Gräber gegen den Markt ab, doch die Lebenden haben das Reich der Toten dennoch längst übernommen: Der deutsche Friedhof ist zur Oase der Liebenden geworden, zur letzten Zuflucht der Trinker, zum stillen Örtchen derer, die Dringendes zu erledigen haben.

Das Elefantengras hat viele Gedenksteine aus der Erde gehoben, Palmen sind angegangen in den siebzig Jahren, seit der letzte Deutsche hier begraben wurde, und wildwachsende feuerrote Lilien bilden den einzigen Schmuck. Ich muß mich bis zu jedem einzelnen Grab vorkämpfen und kann die Inschriften oft nur mühsam entziffern.

Da liegt ein Karl Borschat, am 10. Februar 61 in Memel geboren, und neununddreißig Jahre und einen Monat später ist er im Jahre 00 gestorben. Sieben Tage später seine Frau Friederike. Mir wird klar, daß 00 die Jahrhundertwende sein muß. Borschat, so sein Grabstein, war „Beamter der Neu Guinea Companie", und an einer auf die Gedenkplatte geschraubten Plakette erkenne ich, daß 1980 zwei Enkelinnen hier waren und sich um das Grab gekümmert haben.

Über eine Stunde streife ich durch den Friedhof, vergleiche die Namen mit einem alten Kolonialbuch, das ich mitgebracht habe, und mache mir Notizen. Da bemerke ich einen älteren

Herrn in Anzug und Krawatte, der mir wohl schon seit geraumer Zeit folgt. Zumindest erinnere ich mich dunkel, ihn bereits unter dem Baum der Fliegenden Hunde gesehen zu haben.

Ein so gekleideter Einheimischer ist eine Ausnahme. Es muß eine besondere Bewandtnis haben mit dem alten Herrn, und so klettere ich die alten Steinstufen zum Markt hinunter und beschließe, den Unbekannten anzusprechen. Er heißt Mambi, sagt er mir, und kommt aus dem Dorf Yimas in der East-Sepik-Provinz. Und im Laufe der nächsten Tage erzählt er mir seine Lebensgeschichte.

Kein Mensch weiß, wie alt Mambi wirklich ist. Ich schätze ihn auf rund siebzig Jahre, er selbst behauptet, 1911 geboren zu sein – er wäre demnach dann sechsundsiebzig. Ein biblisches Alter für einen Einheimischen. Doch Mambi wirkt wesentlich jünger mit seinem traurigen Faltengesicht. Und manchmal sieht er aus wie ein weiser Clown.

Wenn Mambi erzählt, spricht sein Körper. Mambi spielt sein Leben, er redet nicht nur darüber. Mambi ahmt nach, wie er durchs Kunai-Gras geschlichen ist, er spannt die Arme, um einen imaginären Pfeil abzufeuern, und er lacht mit seinen dunklen Augen, wenn er daran denkt, wie die amerikanischen Touristen jedesmal vor Schreck erstarren, wenn er davon erzählt, daß er Kopfjäger war und wie Menschenfleisch schmeckt.

Mambi hat sich stadtfein gemacht. Irgend jemand muß ihm diesen alten dunklen Anzug überlassen haben, die Krawatte – Boomerang Club, Darwin, 1968 – stammt aus Australien, und seinen fast kahlen Schädel krönt eine Schlägermütze aus Tweed und hellbraunem Strickstoff. Er trägt eine Spiegelbrille, die seine Augen verbirgt und den Betrachter reflektiert, seine Bartstoppeln sind weiß, und sein einziges Gepäckstück ist einer jener unverwüstlichen, von Frauen aus Baumfasern geflochtenen Beutel, die in Neuguinea „Bilum" heißen. Es sind leuchtend bunte Einkaufstaschen, die bis zu hundert Mark kosten, weil eine Frau eine Woche lang an einem Stück von der Größe einer Plastiktüte arbeitet.

Natürlich lebt Mambi nicht in der teuren Stadt Madang. Er kommt nur manchmal hierher, um seine Geschichte zu erzählen und für die Story ein paar Kina zu kassieren. Nun spreche ihm aber keiner die Würde ab: Mambi hat mehr Ehrgefühl im kleinen Finger als andere in ihrem ganzen Leib. Und das kommt vielleicht daher, daß er Menschen töten mußte, weil das zum Ritual seines Stammes gehörte.

Die Heimat von Mambi ist Yimas, ein hübsches, heute noch traditionell lebendes Dorf in den hügeligen, sumpfigen Niederungen des südlichen Sepik-Systems, eines gewaltigen Flusses, der in östlicher Richtung fließt und beim Kap Girgir in den Pazifischen Ozean mündet – in die Bismarck-See, um genau zu sein.

Für Mambi ist ein Ausflug nach Madang immer ein Abenteuer ganz besonderer Art, denn es gibt keine Straße dorthin. Er muß sich auf Pfaden durch den Dschungel schlagen, wenn ihn nicht – was manchmal passiert – der Pilot einer Privatmaschine mitnimmt.

Mambi und ich beschließen, zum Golfplatz von Madang zu gehen, der sich wie eine Schlange an der Küste entlang windet, im Schatten von Palmen liegt und über Bänke verfügt, von denen aus man über das Meer blicken kann. Ich gebe Mambi ein paar Kina, und er geht rüber zum „Bottle Shop", um zur

Feier des Tages ein paar Fläschchen „South-Pacific"-Bier zu beschaffen. Als wir uns endlich niedergelassen haben, beginnt der alte Kopfjäger mit seiner brüchigen Stimme zu erzählen. Wenn die Erregung ihn überkommt, verfällt er in einen Singsang. Und das ist Mambis Story – wie er sie mir erzählt hat:

„1911, als ich geboren wurde, gehörte der Sepik-River noch zu Deutschland. Mein Name ist Mambi, aber ein evangelischer Missionar aus Deutschland, der nicht wollte, daß wir unsere alten heidnischen Namen tragen, nannte mich Philipp. Seitdem heiße ich Mambi für meine Leute und Philipp für die Touristen. Es gibt jedoch auch ein paar weiße Männer, die mich Mambi nennen, weil sie wissen, daß mir das besser gefällt. Bist du so ein Mann?"

Ich nicke.

„Meine Familie gehört zum Clan des Tukans, den wir bei uns zu Hause ‚Kaikurunga' nennen. Es hat sich nicht viel geändert in Yimas, seit ich geboren wurde, und wie in meiner Kindheit klettere ich auch heute noch gerne auf den Hügel hinter dem Dorf und beobachte die Yimas-Seen, die in Wirklichkeit keine Seen sind, sondern verbreiterte Nebenflüsse des Sepik. Diese Wasserstraße war unsere einzige Verbindung zur Außenwelt, bevor die Flugzeuge kamen, und es ist immer noch die billigste Art, Yimas zu verlassen. Meine Leute leben vom Fischfang und tauschen geräucherten Fisch und geflochtene Körbe gegen Dinge ein, die zum täglichen Leben gehören, die es aber bei uns nicht gibt." Als ich wissen möchte, was das ist, antwortet Mambi unwillig: „Feuerfestes Tongeschirr und Betelnüsse." Ihn stören Zwischenfragen. Mambi hat sich seine Story in

Jahrzehnten zurechtgelegt, und jede Pause bringt ihn von seinem roten Faden ab.

Plötzlich blickt er mich starr an mit seiner augenlosen Brille, in der ich nur mich selbst sehen kann, und fragt: „Bist du der verrückte Dim-Dim, der die alten Flugzeuge sucht?"

Ich nicke.

„Ich habe viele gesehen im Urwald", sagt Mambi, „aber ich habe vergessen, wo sie liegen. Ich könnte dich vielleicht hinführen, wenn du Zeit hast. Aber die Geschichte, die ich dir erzähle, handelt von Menschen, nicht von toten Maschinen. Willst du sie weiterhören?" Ohne auf meine Antwort zu warten, fährt er fort: „Als ich noch ein Kind war, durfte ich meinen Vater zur Jagd begleiten, lernte von meiner Mutter, wie man Sago zubereitet, und bekam von den älteren Jungen beigebracht, wie man in unserer Welt überlebt, was für Gefahren es gibt und wie man ihnen begegnet. Als ich vierzehn Jahre alt war, konnte ich sehr gut mit Pfeil und Bogen umgehen und besaß bereits das Messer aus einem Kasuarknochen. Kennst du das? Es war unsere Waffe, bevor jeder ein Messer aus Metall haben mußte. Der Knochen aus den Schwingen eines großen Vogels wurde scharf geschliffen, die Verdickung des Gelenkes diente als Handgriff. Das Knochenmesser sah aus wie ein langer Löffel mit einer Rinne zwischen den Schneiden, aber es war eine gefährliche Waffe, mit der seit Urzeiten getötet wurde. Und nicht nur Tiere. Verstehst du, was ich meine?

Yimas war schön, wenn alles friedlich zuging. Aber damals durfte kein junger Mann eine Frau nehmen, bevor er nicht im Krieg der Stämme untereinander einen Kopf erbeutet hatte. Das bedeutete, daß alle Dörfer – und auch Yimas – dauernd miteinander Krieg führten oder sich in ständiger Verteidigungsbereitschaft befanden. Tag und Nacht lagen wir auf der Lauer, um den Kopf eines Feindes zu erbeuten oder den eigenen nicht zu verlieren. Schon deshalb mußte jeder Junge schießen lernen und den Umgang mit dem Kasuarmesser beherrschen. Und ich war einer der besten.

Mit acht oder neun Jahren sah ich meinen ersten Weißen, einen deutschen Missionar – und hatte furchtbare Angst. Ich versuchte, mich zu verstecken, weil ich dachte, dem Geist eines Verstorbenen begegnet zu sein. Der Missonar hatte sich jedoch etwas ausgedacht: Er lockte uns aus unseren Verstecken, indem er ein paar Kleidungsstücke zwischen sich und uns auf den Boden legte und sie uns anbot, obwohl er uns nicht sah. Er wußte jedoch genau, daß wir ihn beobachteten. Die Kleidungsstücke – ein paar Hemden, eine Hose und etwas so unbegreiflich Merkwürdiges für uns wie ein Paar Schuhe – waren für uns unwiderstehlich, und wir überwanden unsere Furcht und näherten uns vorsichtig.

Wir brauchten Wochen, um zu begreifen, daß dieses fremdartige Wesen ein Mensch war wie wir – und kein Geist. Als wir uns die Kleidungsstücke schnappten, waren wir natürlich immer noch überzeugt, den Geist eines Ahnen vor uns zu haben. Allerdings ein freundlicher Geist. Aber der Missionar tat danach etwas so Unbegreifliches, daß wir erst recht nicht auf die Idee kommen konnten, er sei ein Mensch: Er schlich in den Wald, hob einen komischen Stock, und es krachte so furchtbar, daß wir zu Tode erschraken und in die Büsche sprangen. Und dann fiel ein Tukan vom Himmel. Der Missionar hatte ihn erlegt, und wir wußten nicht wie. Aber er zeigte es uns ein zweites Mal, und diesmal stürzte eine Viktoria-Taube zu

Boden. Wir brieten beide Vögel an unserem Feuer, aßen sie und diskutierten aufgeregt über die Macht dieses Missionars. Es war das erste Mal, daß meine Freunde und ich zu sehen bekamen, wie stark der weiße Mann ist, und wir waren alle doch sehr froh, als der Fremde unser Dorf endlich wieder verließ.

Die Deutschen und auch später die Australier haben versucht, die Kopfjägerei auszurotten. Aber wie sollte ich eine Frau bekommen, ohne vorher einen Feind getötet zu haben? Das begriffen die Fremden nicht. Als ich heiraten wollte – das muß so etwa im Jahre 1929 gewesen sein –, wurde es Zeit für mich, einen Kopf zu erbeuten. Obwohl das damals bereits gegen das Gesetz war ..., und der nächste weiße Mann war weit. Außerdem ergab sich durch Zufall eine günstige Gelegenheit.

Eine Frau aus meinem Clan war ermordet worden. Es hatte einen Streit gegeben mit den Leuten aus Wombramas drüben auf der anderen Seite des Flusses, und ich war einer von den Männern, die ausgewählt wurden, die tote Frau zu rächen. Im Dorf wußte man, wie gut ich mit den Waffen umgehen konnte, und es war auch bekannt, daß ich bald heiraten wollte, also wurde mir das Recht eingeräumt, den ersten Krieger zu töten, der uns begegnete. Wir fanden die Mörder nicht, erfuhren aber, daß zwei Männer und eine Frau an der Tat beteiligt gewesen waren. Wir kannten sogar ihre Namen und bedienten uns einer List, um sie in unsere Gewalt zu bekommen: Ein Bote wurde ausgeschickt, der in dem Dorf der Mörder verkündete, die Tat sei vergeben und vergessen. Zum Zeichen des Friedens seien wir bereit, Nahrung, Schmuck und Geld auszutauschen, und als Abschluß dieser Freundschaftszeremonie würde es ein großes Fest mit einem gebratenen Schwein, Singen und Tanzen geben.

Wir hielten unser Versprechen, obwohl wir die Mörder im Dorf hatten und sie ohne weiteres hätten töten können. Aber das wäre unehrenhaft gewesen. Im Dorf, so hatten wir versprochen, war ihre Tat vergeben. Wir sahen zu, wie sie ihre Kanus bestiegen und in den Fluß hinausruderten, um nach Wombramas zurückzukehren. Wir folgten ihnen in sicherer Entfernung, und als sie gegen Mittag eine Pause einlegten und dafür eine Sandbank im Fluß ansteuerten, holten wir sie mit unserem Kanu blitzschnell ein. Ich sprang als erster an Land und tötete die drei Mörder mit drei kräftigen Stichen meines Kasuar-Messers. Die Frau aus meinem Clan war gerächt."

Mambi ist aufgesprungen und tanzt herum. Er spielt die Szene nach, wie er vor fast sechzig Jahren aus seinem Kanu gestürzt, das Messer gezückt und die drei getötet hatte, ehe sie überhaupt ahnten, was über sie gekommen war. Mambi kann sich sogar noch an die Namen seiner drei Opfer erinnern.

„Wir holten uns ihre Köpfe nicht gleich, sondern brachten die Toten ins Dorf zurück. Es handelt sich dabei um eine besondere Zeremonie, und auch Feinde verdienen dabei eine würdige Behandlung. Einem nach dem anderen trennte ich vor meiner Hütte den Kopf vom Rumpf, wie die Tradition das vorschrieb und dann . . ."

Ich ahnte, was nun kam. Mein australischer Kollege Ron Walls, der Mambi ebenfalls einmal getroffen hatte und an einem Buch über die Kopfjägerei arbeitet, beschrieb seine Gefühle so: „Da saß dieser alte Mann und sprach von der Menschenjagd, wie andere vom Einkaufen reden. Ich getraute mich dennoch nicht, ihn auf den Kannibalismus anzusprechen, einmal aus Vorsicht, weil ich dachte, die Frage würde Mambi peinlich sein – zum anderen, weil mir das Thema selbst unangenehm war."

Mambi sieht das ganz anders. Man braucht bei ihm weder Vorsicht noch übermäßigen Takt walten zu lassen. „Namba wan gutpela kaikai!" sagt er auf Pidgin, und das könnte man so übersetzen: „Es gibt nichts Besseres!" Essen heißt „Kaikai" und „Namba wan" ist die Nummer 1, also erstklassig. „Aber niemand hat Menschenfleisch gegessen, weil er hungrig war oder besonderen Appetit darauf hatte. Es war eine rituelle Handlung. Eine Zeremonie, um den Toten Ehre zu erweisen. Weißt du, wie man unsterblich wird? Du mußt dich von einem Geier fressen lassen. Nie hat jemand einen toten Geier gefunden. Geier sind also unsterblich, sie fliegen, wenn sie sterben, direkt in den Himmel und nehmen dich mit, wenn sie dich gefressen haben. So ähnlich mußt du das sehen, wenn wir das Fleisch eines getöteten Feindes gegessen haben. Deshalb haben wir auch die Hirnschalen geöffnet und das Gehirn verspeist – damit die Kraft und Klugheit der Toten auf uns übergeht. Wir empfanden es damals als ganz natürlich, die Toten ins Dorf zu bringen und das gekochte Fleisch an alle zu verteilen.

Später haben weiße Männer, die klug sein wollten, darüber diskutiert, daß der Kannibalismus nur deshalb zur Tradition geworden sei, weil so unser Speiseplan ergänzt wurde, daß wir gesund blieben. Weil wir etwas anderes haben mußten als nur immer Sago und Früchte. Ich habe gehört, daß Menschenfleisch als salzig gilt, obwohl es nicht so schmeckt, und daß unsere Körper dieses Salz dringend brauchen. Aber ich weiß das nicht. Ich weiß nur, daß wir die gefallenen Feinde verspeisten, weil das so Sitte war.

Ich wurde ein gefürchteter Krieger. Denn die drei Getöteten verschafften mir Ruhm, Ehre und eine Frau. Ich konnte endlich heiraten. Ich wollte mich immer wieder von neuem beweisen – und eine Gelegenheit bot sich sechs Monate später.

Krieg war ausgebrochen zwischen Yimas und dem Dorf Imanmeri. Eines Tages überfielen Krieger aus Imanmeri unser Dorf, und es gab Tote auf beiden Seiten. Auch ich erschlug zwei Feinde und erhöhte damit meine Schädelsammlung. Die weißen Beamten, die ‚Kiaps', wollten jedoch ein Exempel statuieren und alle hinrichten, die im Kampf jemanden getötet hatten. Aber die Missionare griffen ein und überzeugten die Beamten, daß ein Gefängnisaufenthalt eine viel schlimmere Strafe für uns sei. Nach einigen Wochen holten die ‚Kiaps' dann ein paar Männer aus meinem Dorf und brachten sie nach Ambuti, das am großen Fluß liegt, wo es damals einen Richter gab. Die Männer wurden zu zehn Monaten Gefängnis verurteilt. Mich hatten sie jedoch vergessen, und meine Freunde verrieten mich nicht. Die Verurteilten fanden die Strafe aber nicht besonders schwer. Später erzählten sie uns stundenlang am Lagerfeuer, was sie in der Welt des weißen Mannes erlebt hatten, und wir staunten mit offenen Augen und Ohren. Vor allem darüber, daß sie bestraft worden waren und dennoch jeden Tag zu essen bekamen, ohne dafür arbeiten oder bezahlen zu müssen.

Mit meiner Schädelsammlung war ich nun ein geachteter Krieger. Ich hatte eine fleißige Frau. Sie hieß Namunganai, aber sie starb, als sie ihr erstes Kind bekam, und ich heiratete später noch viermal. Namunganai aber habe ich nie vergessen, denn auch alle anderen Frauen habe ich überlebt, und wenn ich mich an eine erinnere, dann an Namunganai.

So um das Jahr 1930 oder 1931 hörten die Stammeskämpfe auf. Natürlich gab es immer mal wieder Streitereien, aber es wurde nicht mehr gekämpft, nur damit man in den Besitz von Köpfen der Feinde kam. Es wurde friedlich rund um Yimas, und erst als die Japaner im Zweiten Weltkrieg in unser Dorf kamen, begriffen wir, daß nicht nur wir Kriege führten, sondern auch der weiße Mann. Das wußten wir bis dahin nicht, das hatte man uns verheimlicht."

So endet Mambis Story. Der Alte lacht mit geschlossenem Mund und wischt sich mit seiner Mütze den Schweiß vom Gesicht. „Long tok" meint er – eine ziemlich lange Rede –, und ich weiß, was er damit sagen will. Unsere Bierflaschen sind längst leer, und so wandern wir den Strand entlang zum „Smugglers Inn"-Hotel, wo ich Mambi auf zwei oder drei Drinks an die Bar einlade. Auch hier kennen sie den Mann mit der schillernden Vergangenheit und begegnen ihm mit dem Respekt, der einem erfolgreichen Kopfjäger zusteht.

Als ich Mambi auf Wiedersehen sage, grinst er wieder sein typisches Lachen mit den geschlossenen Lippen. „Du suchst lieber Flugzeuge, als einem alten Kopfjäger zuzuhören, ich weiß", sagt er. „Dim-Dim immer in Eile."

Er hat recht. In zwei Stunden geht meine Maschine nach Port Moresby. Ich werde umsteigen auf einen kleinen Flieger und im vollgestopften Passagierraum inmitten von Bündeln mit Betelnüssen, Kasuaren in Bastkörben und kleinen Schweinen und wahrscheinlich irgendeinem Motor oder Generator, der im Mittelgang transportiert wird, mir einen Platz suchen.

Die "Air Niugini" wird einen Zwischenstopp in der Hafenstadt Alutai machen und dann hinaus auf die Salomonen-See starten, zu den Trobriand-Inseln, meinem nächsten Ziel.

Zur Insel Kiriwina vom Archipel Trobriand

Kiriwina liegt wie ein riesiges Fragezeichen im Pazifischen Ozean, 52 km lang und an der schmalsten Stelle nur 700 m breit. Sie gehört zu Papua-Neuguinea und liegt auf 151^0 05′ östlicher Länge und 8^0 25′ südlicher Breite. Es ist die Hauptinsel des Archipels Trobriand, und an der nördlichen Hälfte des auf den Kopf gestellten Buchstaben S (mit der kleinen Insel Vakuta als Punkt unter dem Fragezeichen) liegt die Hauptstadt Losuia – oder was man so unter einer „Hauptstadt" verstehen kann: 16 Häuser, 78 Postfächer, drei Polizisten und eine Mole. 22 000 Bewohner hat der ganze Archipel. Aber selbst wenn man noch nie von den Trobriands gehört hat – die Inseln sind weltberühmt, in der Literatur, beim Militär und in der Ethnographie.

1793 landete der französische Seeoffizier Denis de Trobriand auf Kiriwina, und folglich benannte man die ganze Inselgruppe nach ihm. De Trobriand segelte unter dem Kommando des Kapitäns Antoine d'Entrecasteaux, und dessen Namen trägt der Archipel genau im Süden der Trobriands.

Bei Ausbruch des Ersten Weltkrieges stellten die Australier den aus Krakau stammenden deutsch-polnischen Wissenschaftler Bronislaw Malinowski vor die Wahl, entweder auf dem Fünften Kontinent interniert zu werden oder auf Kiriwina Forschungsarbeit zu leisten. Malinowski entschied sich für die Forschung, blieb insgesamt vier Jahre und schrieb danach die Klassiker der Neuguinea-Ethnographie und der Völkerkunde

Fischer vor der Insel Kiriwina

überhaupt. Jeder, der in dieses Gebiet reist, sollte zumindest zwei Werke Malinowskis kennen: „Die Argonauten des westlichen Pazifik" und „Das Geschlechtsleben der Wilden in Nordwest-Melanesien".

Es war jedoch nicht dieser Forscher alleine, der die Trobriands ins Bewußtsein der Europäer brachte oder – besser gesagt – ihre Phantasie und Sehnsucht anstachelte. Denn auf der östlich von Kiriwina gelegenen Insel Kitava erfüllte sich ein Mann einen Lebenstraum, der in den Gedanken vieler umherspukt: einmal König zu sein auf einer eigenen Insel, ein weiser Herrscher zu werden in tropischem Klima, Gebieter über Liebe und Tod. Cameron hieß der Mann, und nachdem er auf der großen Insel im Osten, auf Woodlark, jahrelang nach Gold gebuddelt hatte und endlich fündig geworden war, ließ er sich 1912 auf Kitava nieder. Was dann geschah, schildert DuMonts Reiseführer „Papua-Neuguinea" in einem knappen, aber alles sagenden Satz: „Er regierte die Insel, als sei sie sein privates Königreich, und scharte einen ganzen Harem schöner Eingeborenenfrauen um sich."

„King Cam" nannte man ihn. Er starb in den 50er Jahren, hochbetagt und hochgeehrt, und wer sich heute in der einzigen Lodge auf Kiriwina einquartiert, der trifft einen gewissen Tom, der dort als Dolmetscher und Guide arbeitet – er ist ein Enkel des Königs von Kitava.

Im Zweiten Weltkrieg kamen die Trobriands noch einmal in die Nachrichten. Die Amerikaner bauten Kiriwina zum Stützpunkt aus und ersetzten die schmalen Pfade durch den Busch mit einem Netz einspuriger Straßen aus aufgeschüttetem Korallenschutt. Man schaue sich auf dem Atlas nur einmal die Lage Kiriwinas an, und auf Fotos ihre beschauliche Einsamkeit – und dann stelle man sich vor, daß Bob Hope hier vor der Truppe auftrat und John Wayne, der Westernheld, hier eine Zeitlang diente.

Heute legen ein- oder zweimal im Jahr Kreuzfahrtschiffe zu einem Vier-Stunden-Ausflug auf Kiriwina an. Die Touristen lassen sich bestaunen, und die Preise in der Hauptstadt Losuia klettern einen Nachmittag lang auf das Zehnfache.

Die kleine „Dash 7" der „Air Niugini" steigt steil in den Himmel, und damit hat mein Nachbar nicht gerechnet. Er trägt ein T-Shirt mit der Aufschrift „Mi Lukim Pop – Ich habe den Papst gesehen" (als er im Mai 1984 Papua-Neuguinea besuchte), und der Schwung des Starts verschüttet das gemahlene Muschelmehl aus seiner linken Hand. Gerade hat er den Kern der Betelnuß, der aussieht wie ein schmutziger Radiergummi, in den weißen Staub tunken wollen, nachdem er die grüne Schale der Frucht liebevoll weichgekaut hatte. Er flucht ein bißchen, und die anderen lachen. Betelnüsse sind kostbar auf den Trobriands, denn sie wachsen dort nicht und müssen importiert werden.

Ich wußte, daß ich einen Fensterplatz haben mußte für den spektakulären Flug über die Ward Hunt Strait und hinaus in die Salomonen-See. Wie ein samtblaues Juwelenetui öffnet sich dieser Teil des Pazifischen Ozeans für den Betrachter, und auf meiner mitgebrachten Karte zähle ich die Inseln und Atolle, Klippen und Sandbänke, die am Fenster vorbeiziehen wie ein Film der Glückseligkeit. In „Ein Sohn der Sonne" hat Jack London das Leben auf einer Salomoneninsel beschrieben, nicht eben freundlich, aber mit treffender Heiterkeit:

„In Goboto gehen die Händler von ihren Schonern an Land, die Pflanzer kommen von fernen wilden Küsten; aber vorher legen sie einer wie der andre Schuhe an und weiße Flanellhosen sowie die sonstigen Kennzeichen der Zivilisation. In Goboto erhält man seine Post, begleicht seine Rechnungen und kann Zeitungen lesen, die selten mehr als fünf Wochen alt sind; denn die kleine, von einem Korallenriff umgebene Insel bietet einen sicheren Ankergrund, wird von allen Dampfern angelaufen und ist das Zentrum der ganzen weit verstreuten Inselgruppe. Das Leben in Goboto ist überhitzt, ungesund und traurig, und im Verhältnis zu seiner Größe erhebt die Insel Anspruch darauf, mehr Fälle von Rauferei und Sauferei aufzuweisen als irgendein Ort sonst in der Welt . . ."

Soweit Jack London – und irgendwo am Horizont unter mir

muß dieses Goboto liegen. Ich kann das große „L" von Normanby erkennen, der wilde gebirgige Klecks von Fergusson, der abgesunkene und erloschene, aber im Inneren sicher noch brodelnde Vulkan von Goodenough. Ich sehe Inseln, bei denen man nicht weiß, ob sie bei Seegang versinken oder auch im Sturm bewohnbar sind: Labi, Munawata und das schlanke „S" von Kuiawa. Es gibt Hunderte von Stückchen Land für Einsiedler in diesem Teil des Pazifiks, und ehe Kiriwina auftaucht, lockt eine unbegreiflich grüne, dicht bewachsene Insel – Vakuta. Und dort, ganz fern und dunstig blau im Hintergrund, das muß „King Cams" Kitava sein.

Der australische Pilot zieht eine dekorative Schleife über die nur 300 m weite Kasilimaka-Passage, die Vakuta und Kiriwina trennt, und dann erkenne ich – wie einen hellen Streifen Leukoplast auf grüner Haut – die Landebahn mitten im breitesten Teil von Kiriwina.

Ich schaue noch einmal hinunter, hinüber zu den Sümpfen, ob ich das entdecke, was mich eigentlich hierher gelockt hat. Aber zwischen dem dichten Mangrovenwald, den blitzenden Tümpeln und gerodeten Lichtungen ist nichts zu erkennen . . .

Zweimal in der Woche landet eine Maschine auf Kiriwina, und neben den Funkgeräten ist das die einzige Verbindung zum „Festland". Alle Landungen und Starts sind deshalb Festtage für die Trobriander, Fixdaten im Kalender ihres Lebens. Ich traue meinen Augen nicht, als die „Dash 7" langsam ausrollt und der Pilot ihre Nase auf die nach allen Seiten offene Bude richtet, die auf Kiriwina als Flughafengebäude dient: Der Platz ist schwarz vor Menschen! Die Inselbewohner warten gar nicht erst, bis die Maschine ausgerollt ist, sondern laufen mit,

Festlich geschmückte Trobrianderin

winken in die Fenster und tanzen flüchtend vor uns her. Es mögen fünfhundert Leute sein, die uns erwarten, und sie zwingen den Piloten zu einem Kabinettstückchen: Er muß auf den Zentimeter genau parken, denn genau da, wo er beim letzten Mal zum Stillstand kam, hat sich die Menge als Mauer aufgebaut. Keine Macht der Welt brächte sie dazu, diese einzige Verbindung zur Außenwelt aus sicherer Entfernung zu erleben!

Es sind einige wunderschöne Menschen darunter. Die Frauen im Bastrock und „oben ohne", die Männer in Hosen oder Lendenschurz aus gelblichweißen Palmenblättern. Der Schnitt ihrer Gesichter hat nichts gemein mit der Physiognomie der Bewohner Neuguineas. Sie zeigen eher feingezeichnete Konturen wie bei den Leuten aus Polynesien. Eine Eigenheit fällt mir auf, und trotz intensiven Fragens gelingt es mir auch später nicht, den Grund zu erfahren: Jeder Mann trägt eine Kollegmappe mit sich. Eine flache Tasche mit einem Deckel zum Aufstülpen, geflochten aus Palmenfasern und oft rosa, blau und violett eingefärbt. Vielleicht ist sie das Zeichen maskuliner Würde, denn wer eine Tasche braucht, hat Besitz, den er darin herumträgt. Rund acht Mark kostet so eine Mappe – und sie ist so fest gearbeitet, daß sie sogar einen tropischen Regenguß aushält, ohne daß der Inhalt naß wird!

Es dauert Stunden, bis die Maschine ausgeladen ist, denn die Besteller verschiedenartigster Waren holen sich die Lieferung selbst aus dem Bauch der Maschine: Kühlschränke, Fässer mit Petroleum, zusammengebundene Kochtöpfe und Pfannen, Stauden voller Betelnüsse, die aussehen wie der Fruchtstand von Datteln, ein paar Glasscheiben, mehrere Preßluftflaschen und ein kleines Ruderboot aus Plastik.

Ich entdecke einen klapprigen alten Lkw mit einem noch älteren Inselbewohner am Steuer. Ich frage ihn, ob er mich mitnimmt, und der Alte schüttelt mir die Hand, nachdem er erfahren hat, daß ich in die Lodge will. Ich werfe meinen Seesack ins Fahrerhaus, klettere hinten auf die Ladefläche, betrachte das wilde Treiben rund um mich herum und denke darüber nach, was mich eigentlich hierher gebracht hat.

Ein unscharfes, nicht mehr taufrisches Foto. Ein grünes, auf mich geheimnisvoll wirkendes Bild, das im Archiv der „Niugini Nius" liegt, der englischsprachigen Zeitung des Landes. Eine Luftaufnahme, auf der in der linken unteren Ecke noch ein Stück des Flugzeugs zu sehen ist, aus dem sie fotografiert wurde. Die Kronen einiger Palmen sind zu erkennen, sie wirken wie gespreizte Fächer. In dichtem Busch, in einer suppigen, bedrohlich wirkenden Morastfläche, liegt ein Gerippe – ein riesiger, halbverwester Kadaver des Krieges, ein technischer Dinosaurier des 20. Jahrhunderts. Die Haut ist an vielen Stellen verschwunden, die Spanten scheinen durch. Den Kopf und die Schulterpartie hat die Vegetation verschlungen, am auffälligsten sind zwei immer noch schwarz bereifte Räder. Eins liegt flach auf dem Boden vor einer Tragfläche, das andere ragt hoch in die Luft, und daran erkenne ich nach ein paar Minuten intensiven Betrachtens mit einer Lupe, daß der tote Vogel auf dem Rücken liegt.

Er muß sich überschlagen haben, einen Purzelbaum über seine Nase gemacht haben, um dann flach liegenzubleiben. Dabei hatte sich die Schnauze etwas tiefer in den Sumpf gebohrt als der Schwanz, der deshalb besser erhalten blieb und in der Sonne glänzt. Auf dem alten Foto ist er fast weiß. Die Aufnahme vermittelt kein Größenverhältnis, und ich versuche mir vorzustellen, wie groß ich wirken würde bei dem Versuch, um die Maschine herumzugehen.

Der Dinosaurier der Kriegsmaschinen war mal ein zweimotoriger mittlerer Bomber der amerikanischen Firma Glenn L. Martin, Typ: B-26. Er trug den Spitznamen „Marauder" (Plünderer) und wurde von sieben Angehörigen der RAAF geflogen – der „Royal Australian Air Force". Die Maschine besaß eine Spannweite von 19,81 m, war 17,75 m lang und 6,05 m hoch. Sie wog beim Start, vollbesetzt und vollbeladen, 15 422 kg, konnte 510 km/h schnell fliegen und eine Höhe von 7200 m erreichen. Die Besatzung hatte sechs Maschinengewehre und eine Bombenlast von 1360 kg zur Verfügung.

Da liegt sie also, im südlichen Teil von Kiriwina, da wo die Insel sich noch einmal verbreitert zum unteren Ende des Fragezeichens. In der Mitte dieses maximal sieben Kilometer breiten Landstücks beginnt ein fast undurchdringlicher, tückischer Sumpf, der für den Menschen so mühsam zu bezwingen ist, daß man sechs Stunden hinein und sechs Stunden hinaus benötigt, wenn man es überhaupt wagen will.

Man weiß heute genau, wann die „Marauder" in den Sumpf stürzte: am 2. Mai 1942, einem Montag. „Die Woche fängt ja wieder gut an", mag der Pilot gesagt haben, als er merkte, daß seine Maschine getroffen war, und er verzweifelt versuchte, einen Landeplatz in der blauen Wasserwüste des Pazifiks zu finden, der nicht von den Japanern besetzt war. Und dann beging er einen tödlichen Irrtum, wie man heute weiß.

Daß man überhaupt so viel weiß, liegt daran, daß es Überlebende gab, trotz der Bruchlandung, die auf dem Rücken endete, ein Manöver, das meist tödlich ausgeht. Besonders in einem Sumpf wie diesem, wo Bewußtlose und Schwerverletzte versinken, ehe Hilfe kommt. Und die „Marauder" wog gut und gerne 14 bis 15 Tonnen, als sie in den Sumpf raste. Ein Wunder, daß einige Besatzungsmitglieder es trotzdem schafften, einen Stützpunkt der Alliierten im Norden von Kiriwina zu erreichen.

Denn was auf der großen Spezialkarte im Maßstab 1 : 100 000 so harmlos niedlich aussieht mit den vielen winzigen Grasbüscheln aus jeweils acht grünen Tupfern, das entpuppt sich in der Realität als feuchte, menschenfeindliche Hölle. Acht mal fünf Kilometer ist die maximale Ausdehnung dieses morastigen Kerns der Südinsel. Stellt man es also geschickt an, bedeutet das nur etwa zweieinhalb Kilometer Fußmarsch bis zur Fundstelle der „Marauder", was eigentlich ein Klacks ist.

Aber jeder der Einheimischen, den ich bitte, mich als Führer zu begleiten, winkt erschreckt ab. Schließlich brauche ich eine Woche, bis sich einer zögernd bereit erklärt, mit mir zu kommen. Zumindest das erste Stück, was schon mal wichtig war, denn später würde ich ihn sicher überreden können weiterzumachen, ganz zu schweigen von seiner Scheu, alleine zurückzugehen. Genauso kommt es dann auch, und ich schenke meinem Begleiter als Bonus eine Kopie der Luftaufnahme, die ich ihm vorher nicht gezeigt hatte, um ihn nicht zu erschrecken. Er hütet das Bild heute wie einen Schatz und zeigt es immer wieder stolz herum.

Man sieht den Sumpf nicht von außen. Verfilzte Mangroven verwehren eine Sicht von mehr als zwanzig Metern, und dort, wo der feste Boden ein wenig höher liegt und manchmal wie eine Insel im Sumpf wirkt, verzopfen sich Sagopalmen und Schraubenbäume zu einer fast undurchdringlichen grünen Wand.

Riesige Winden, mit ihren bei uns doch eher kleinen Blüten, werden auf Kiriwina so groß wie Weihnachtssterne und verweben das Gestrüpp zusätzlich mit ihren Klettergirlanden. Ich habe versucht, eine dieser hellblauen Riesenblumen zu pressen – aber sie wechselte ihre Farbe und wurde braunlila. Um mir einen meßbaren Begriff von der Größe des Blütenkelchs zu verschaffen, habe ich eine Blüte mit Wasser aus meinem Trinkbecher gefüllt – und es paßten knapp zweihundert Kubikzentimeter hinein, ein großes Glas voll!

Je nachdem, ob das dunkelbraune, ständig gurgelnde Wasser mehr oder weniger Salz enthält, kommen auch Nipa-Palmen und wildes Zuckerrohr vor. Aber die Art der Flora hängt nicht alleine vom Salzgehalt ab. Die ständigen Überschwemmungen spielen eine ebenso starke Rolle. Denn immer mit den Wurzeln unter Wasser zu stehen, das halten nur die Mangroven aus. Sie werfen ihre wie pfeilschlanken, länglich geformten Samen überall ab, und so sieht der Sumpf rund um die Bäume aus wie ein schlecht rasierter Igel.

Beim Sumpfgebiet, in dem die „Marauder" steht, kommt noch hinzu, daß es allmählich in Schwemmland übergeht, in eine Zone kaum merklicher Ebbe und Flut, bis man schließlich im offenen Meer steht, in einer Art tropischem Watt. Kabanikau und Susua Point heißen die äußersten Landspitzen von Kiriwina. Und wer sich bis zum Ufer vorwagen würde, das nur eine trügerische Grenze zwischen See und Festland ist, der könnte die kleine Insel Muwo sehen, die nur mit dem Auslegerboot zu erreichen ist und einen kleinen, aber kostbaren Kokospalmenhain trägt.

Natürlich wäre es der kürzere Weg, vom Meer her zur „Marauder" vorzudringen, und das ist auch genau das, was die

Einheimischen diskutieren. Aber im Schwemmland anzulegen ist lebensgefährlich. Gefährlicher jedenfalls, als vom Land her in den Sumpf vorzudringen. Zumindest bei niedrigem Wasserstand.

Sümpfe entstehen in tropischen Breiten immer dann, wenn Wasser aus irgendeinem Grund nur schlecht ablaufen kann. Fließt es weg, bleibt idealer Nährboden für den Leben und Geborgenheit spendenden Regenwald. Bleibt das Wasser stehen, wie im südlichen Kiriwina, so bildet sich ein unzugängliches, für den Menschen völlig ungeeignetes Biotop, das dem Auge dennoch von Zeit zu Zeit überraschende, einmalige Genüsse bietet: blühende Büsche, so hoch wie Häuser, und blütenübersäte Bäume, so dicht wie ein Wald. Achtundvierzig Arten von Rhododendren gibt es in Neuguinea und einige davon auf Kiriwina. Dazu Weihnachtssterne – die bei uns in Töpfen wachsen – von fünf und mehr Metern Höhe. Und jene gigantischen Winden, die ich zu pressen versuchte. Der Rand des Sumpfes ist ein Garten, ein Paradies, und ich muß an eine bittere Medizin denken, die kluge Apotheker ja auch mit einem süßen Schmelz umkleiden – wie die Natur den Sumpf mit Blumen.

Auf der dreiteiligen Spezialkarte von Kiriwina sind keinerlei Wege durch den Sumpf eingezeichnet. Lediglich drei „Erhöhungen" – zwei von je einem und eine von immerhin drei Metern – und neun haarfeine Bäche, die ins Meer münden, teilweise in winzigen Deltas. Zwölf blaue Kleckse deuten so etwas wie Seen oder Teiche an, zumindest größere Wasserflächen. Aber was heißt das schon in einem Morast, der sich binnen Stunden in festes Land oder eine Lagune verwandeln kann . . .

Direkt an der Küste, entziffere ich, soll es eine mit einem Wall umgebene, künstlich aufgeschüttete „Cultivation" geben, also eine Plantage, wahrscheinlich für Yamswurzeln oder Taro, die Grundnahrung der Einheimischen.

Das sind interessante Pflanzen mit einer bunten Geschichte und einem enormen Nährwert. Taro heißt auf deutsch Kolokasie, was eine Ableitung aus dem Arabischen ist, denn „kolkas" hieß die Pflanze, als sie um 500 v. Chr. im ägyptischen Niltal heimisch wurde. *Colocasia esculenta* oder *antiquorum* ist eine Pflanzengattung der Aronstabgewächse mit großen Blättern. Das junge Kraut ergibt Gemüse, bekannt unter dem Namen Karibischer Kohl oder Karaibenkohl. Die eigentliche Nahrungsquelle ist jedoch die kopfgroße Knolle. Frühe Seefahrer fanden Taro vor allem in Japan, aber trotz vieler Versuche setzte sich dieses Gemüse in Westasien und rund ums Mittelmeer nie durch. Nur in Ägypten – und so kamen wir über die Araber zu einer deutschen Bezeichnung.

Yams dagegen ist fast auf der ganzen Welt heimisch. Auf Kiriwina und in ganz Papua-Neuguinea jedoch haben die Wurzeln eine mythische Bedeutung. Yams spielt eine große Rolle im einheimischen Fruchtbarkeitskult, und die Pflanze besitzt somit eine Wichtigkeit, die man ihr ganz und gar nicht ansieht.

Yams ist ein chinesischer Name, den wir übernommen haben. Die lateinische Bezeichnung lautet *discorea,* und es gibt in China, Amerika, Afrika und im Sunda-Archipel 620 Arten, von denen einige als Nahrungsmittel angebaut werden. In Afrika heißt deshalb eine bestimmte Art „Brotwurzel" oder „Hottentottenbrot". Das Wachstum der Yamswurzel dauert zehn Monate, dabei entstehen normalerweise 30 bis 80 Zentimeter lange Knollen von etwa fünf Kilo Gewicht. Man kann sie jedoch länger in der Erde lassen, bis zu zwei Jahre, und dann wachsen die Knollen zu Giganten von über einem Meter Länge aus, die mindestens zehn Kilo wiegen. Die größten Exemplare, die zum Stolz der Dörfer in den Yams-Häusern lagern und Besuchern gerne gezeigt werden, sind einen bis zwei Meter lang und sehen eher aus wie alte Äste denn wie Knollen.

Nährwert, Geschmack und Nutzung der 20 Prozent Stärke enthaltenden Knollen entsprechen dem unserer Kartoffel. Yams hält sich nur weniger lange, vor allem wegen des Klimas, und nach drei Monaten sollten die Vorräte aufgebraucht sein.

Ich sitze in der Lodge und ordne meine Notizen. Es ist ein strahlender Augusttag, und die Luft ist so ungewöhnlich klar, daß man am Horizont schemenhaft und das Auge immer wieder täuschend die Insel Fergusson erkennt. Plötzlich höre ich Getöse vor dem Tor: Ein Zug Einheimischer ist erschienen, tanzend und singend, und möchte den dicken Dennis sprechen, den Besitzer der Lodge und Parlamentsabgeordneten der Trobriand-Inseln. Der Ex-Brite mit dem milden Blick war einmal Polizeiminister unter Ministerpräsident Michael Somare und genießt deshalb doppeltes Ansehen. Die Trobriands sind sozusagen der Rest seiner Macht, und das kleine Hotel ist seine Pfründe. Dreimal im Jahr holt ihn die Sondermaschine der Regierung, die alle Abgeordneten auf den Inseln aufsammelt, nach Port Moresby ab, und dann wird im Parlament getagt.

Die Delegation des Oberchefs Weibadi aus dem Dorf Omarakana verkündet in einer Art Singsang, daß sie ihm Yamswurzeln überreichen möchten. Es sind riesige Wurzeln, dicker als ein Männerarm, und eine ragt so weit aus dem hölzernen

Der Wawela-Strand auf Kiriwina

Tragegestell, daß ich sie auf zweieinhalb Meter schätze. Diese Gabe bedeutet eine enorme Ehre, und Dennis weiß diese Geste zu schätzen. Die Delegation wird hereingebeten, Dennis revanchiert sich mit einer Reistafel (denn er hatte natürlich längst läuten hören, was da auf ihn zukam), und gemeinsam hängen wir das Gestell mit den Yams an einen vorbereiteten Platz im Speisesaal.

Die Wurzeln sind geschmückt mit Papierfähnchen, auf denen Schriftzeichen zu sehen sind. Ein Kundiger – vielleicht der Lehrer aus dem Häuptlingsdorf – hat sie mit schwarzer Tinte gemalt. Es sind merkwürdige Zeichen, und sie wirken auf mich eher wie Kalligraphien, wie Zeichnungen oder die Bilder winziger Skulpturen. Dennis weiß auch nicht, was die Worte bedeuten, er kann es sich aber denken, und das genügt ihm.

Aus der Zeremonie wird ein Fest. Plötzlich sitzen sechs Musikanten im Speisesaal und spielen Melodien, die ein bißchen klingen wie eine Mischung aus indonesischer und hawaiianischer Musik. Ein paar Mädchen drängen in die Mitte, nur mit einem Bastrock bekleidet und höchstens siebzehn Jahre alt, und beginnen zu tanzen. Sie stampfen mit den Füßen und wiegen sich. Sie reizen auf und wehren zugleich lächelnd ab. Erst tief in der Nacht beendet Dennis das Fest, und diejenigen, die weit entfernt wohnen (wie die Delegation aus Omarakana), legen sich auf die Billardtische in der Bar oder in die Stühle der Veranda. Die anderen laufen durch die Dunkelheit nach Hause – und ein paar sollen wegen der Mädchen erst am nächsten Tag angekommen sein.

Ich besuche den Lehrer Ferniah Motowola eines Tages in seiner Schule, in der er Englisch, Mathematik und das schöne Unterrichtsfach „Dörfliches Gemeinschaftsleben", Musik, Tanz, Sport, Gesundheit, Religion, Kunsterziehung und Naturkunde unterrichtet. Ich will ein wenig mehr erfahren über den Yams-Kult, und Ferniah macht gleich eine Klassenarbeit daraus. „Yams ist so wichtig für uns, als Nahrungsmittel ebenso wie für unsere Religion", begründet er den Aufwand, „daß die Kinder gar nicht oft genug darüber nachdenken können."

Als Ferniah nach einer Stunde die Arbeiten wieder einsammelt, finde ich in den kindlich geschriebenen Aufsätzen folgende Informationen:

„Es gibt nicht genügend Land auf Kiriwina, das man bestellen kann", hatte ein kleines Mädchen von etwa zehn Jahren geschrieben, „und das Land, das wir haben, ist nicht sehr fruchtbar. Jeder Yams-Garten wird deshalb nur einmal bebaut und dann viele Jahre einfach so liegengelassen. Früher, so hat mir meine Mutter erzählt, benützte man einen Garten nur alle fünfzehn bis zwanzig Jahre, aber jetzt leben viel mehr Menschen auf Kiriwina als damals, und deshalb werden die Gärten heute alle fünf Jahre bebaut. Manchmal sind die Gärten bis zu zwei oder drei Stunden vom Dorf entfernt, und zur Erntezeit muß dann die ganze Familie zusammenhelfen, um die schweren Knollen nach Hause zu schleppen."

Ein Junge beschäftigte sich bereits mit der Yams-Zeremonie: „Die größten Yamswurzeln werden vor den Hütten ausgestellt, damit das ganze Dorf sieht, wer der beste Gärtner ist. Danach kommen die Wurzeln in ein besonderes Yams-Haus, in dem sie lagern. Wenn dieses Haus gefüllt wird, singen alle, und dieses Fest heißt ‚Milimala'. Wenn alle Wurzeln drin sind, beginnt aber erst das eigentliche Fest. Wieder wird gesungen, dazu jetzt aber auch getanzt, und der berühmteste Tanz ist der ‚Makimaki'. Ich tanze auch schon mit, aber nur am Rande, weil der ‚Makimaki' eigentlich nur was für die Großen ist."

Die Tage vergehen mit der Yams-Ernte, mit Festen und Unterhaltungen. Ich kannte Dennis schon, als er selbst bei den kriegerischen Highlandern gefürchtet war. Man mußte damals aufpassen, ihn nicht bei mieser Laune zu erwischen, denn Dennis sah als Polizeiminister mit eiserner Faust auf Zucht und Ordnung. Deshalb wurde er in der Presse nur als „Mr. Law and Order" bezeichnet, ein Titel, der ihm durchaus gefiel. Inzwischen ist Dennis weich geworden, hat noch zugelegt an Gewicht und erinnert mich nach ein paar Tagen daran, daß ich eigentlich nicht wegen der Yamswurzeln nach Kiriwina

Die Frauen warten auf den Beginn des Tanzes beim Milimala-Fest

gekommen bin, sondern wegen jener geheimnisvollen „Marauder" in den südlichen Sümpfen.

Gemeinsam räumen wir einen Billardtisch ab und breiten die Karten so nebeneinander aus, daß die ganze Insel riesengroß erscheint: An der Peripherie des Sumpfes gibt es drei Dörfer – Bwadela, Loia und Okaioula. „Coconuts" ist bei allen vermerkt, und wenn das selbst auf einer amtlichen Karte steht, kann man ermessen, was für einen Schatz diese Bäume darstellen müssen. Okaioula liegt dem Zentrum des Sumpfes am nächsten. Von dort aus erscheint es am kürzesten zur nächsten „Erhöhung" – von einem Meter! –, und ich schaue Dennis fragend an.

„Okaioula", sagt er. „Da mußt du dir einen Führer suchen. Die müßten das Wrack auch kennen, da bin ich mir sicher. Ob sie dir's allerdings zeigen . . ." Dennis schüttelt zweifelnd sein Löwenhaupt. Immerhin ist er bereit, mir ein Empfehlungsschreiben an den Häuptling mitzugeben.

„Alter Freund von mir", sagt er, „bekommt immer mal ein South Pacific, wenn er herkommt."

Das ist das australische Bier, das auf den Trobriands getrunken wird. Allerdings fast nur von den Touristen, denn Dennis besitzt das Monopol und schenkt nicht gern an die Einheimischen aus. „Alkohol ist nie gut", sagt er, „da flippen die aus." Dabei läßt er es bewenden – und ich kann nur ahnen, wie sie ausflippen.

Mit dem alten Ben nach Okaioula

Die Dörfer auf Kiriwina – und somit auch Okaioula – sehen so ziemlich alle gleich aus, nur ihr Zustand ist unterschiedlich, und der hängt nicht zuletzt vom Reichtum und von der Altersstruktur seiner Bewohner ab. Ein Dorf ist nicht einfach eine Gruppe von Häusern wie bei uns, sondern es besteht aus mehreren Weilern, die in einem losen Kreis angeordnet sind. Jeder Weiler trägt einen Namen, hat einen eigenen Chef und eigenes Land, das seine Bewohner bewirtschaften dürfen. In der Mitte jeder dieser Siedlungen ist ein Platz, der sorgfältig gesäubert wird. Da findet sich kein Grashalm und keine Spur von Abfall. Es ist der Tanzplatz und der Versammlungsort.

Jede Hütte besitzt ein Yams-Haus, und die Chefs unterhalten darüber hinaus „Ausstellungshütten", reich bemalt und oft Jahrzehnte alt, in denen besonders große Wurzeln zu sehen sind, die sie als Geschenk erhalten haben. Die Trobriander leben in einer festgefügten Gesellschaftsordnung, in der ein Kind schon sehr früh begreifen muß, wo sein Platz ist. So leben die Töchter und kleinen Jungen bei ihren Eltern. Jungen in der Pubertät müssen die Hütte, in der sie geboren wurden, verlassen und in ein Junggesellenhaus umziehen.

Okaioula besteht aus fünfzehn mit Palmwedeln gedeckten Hütten, die gegen Hochwasser und Ungeziefer auf Stelzen stehen. Sie besitzen eine kleine Veranda als „Tagesraum" und bestehen in der Regel aus einem, höchstens zwei Räumen. Riesige Palmen spenden Schatten, und außer den Geräuschen, die ruhige Menschen und eine ungestörte Natur von sich geben, ist nichts zu vernehmen.

Okaioula ist friedlich, und seine Bewohner beschäftigen sich hauptsächlich mit zwei Dingen – dem Bestellen ihrer Gärten und dem Schnitzen kunstvoller Gegenstände wie Schüsseln und Teller, Kämme und Hocker. Vor allem Schildkröten-, Fisch-, Krokodil- und Vogelmuster fallen auf, und man kann zwischen zwei Holzarten wählen: dem schwarzen Ebenholz, das aber allmählich sehr selten wird auf Kiriwina und bereits von jenseits der See, von der Insel Woodlark, geholt werden muß, und „Kwila", einem hellbraunen, fast beigen Material, das die Schraubenbäume liefern. Manchmal gelingt es den Künstlern, die die Souvenirshops in ganz Papua-Neuguinea – und neuerdings sogar in New York – beliefern, Farbschattierungen im Rohholz so herauszuarbeiten, daß man meint, zwei verschiedene Holzsorten seien verleimt worden.

Der alte Ben in seinem klapprigen Lkw hat mich nach Okaioula gefahren, und wir brauchten mehr als drei Stunden für die knapp dreißig Kilometer. Nicht meinetwegen, aber Ben kennt jeden, und jeder kennt ihn. Immer wieder möchte einer ein Stück mitgenommen werden, und oft fuhr er riesige Umwege – auf meine Kosten –, damit jeder Fußgänger möglichst schnell und bequem ans Ziel kam. Die einspurige Sandpiste ist meist keine zwei Meter breit, eher ein Tunnel durch dichtes Buschwerk, und Ben warnte mich davor, meinen Arm durch das geöffnete Fenster zu halten: Wenn ich Äste streifte, auf denen Feuerameisen saßen, und ich sie ins Auto schnellte – dann gute Nacht, dann würden wir gebissen werden, was höllisch weh tat – und wie weh, das ersieht man am Namen der Tierchen!

Nach einiger Zeit begann ich den Alten zu bewundern, denn mehrmals zweigte der Tunnel ab, zerteilte sich drei- und vierfach, und ich hätte mich längst jämmerlich verfahren. Oft war der Weg für mein ungeübtes Auge gar nicht mehr erkennbar. Es beruhigte mich, daß ab und zu doch ein paar Dörfer auftauchten, zuerst kaum mehr als Öffnungen links oder rechts im Tunnel, die sich aber, wenn wir anhielten und durch die Öffnungen traten, zu ihrem sauberen Dorfplatz inmitten der Siedlung weiteten. Ben bemerkte, wie ich mir Notizen machte, und begann daraufhin, mir die Namen der Dörfer unaufgefordert zu buchstabieren: Okupukopu, Ilalima, Osapola, Kaituvi, Obulaku, Kumilabwaga, Kopila, Sinakera . . .

Der alte Ben

Ein paar der Namen erkannte ich wieder, weil ich sie bei Malinowski gelesen hatte; doch die „Dörfer" waren oft anders als in seinen Schilderungen, nicht mehr als Geistersiedlungen oder winzige Weiler von drei oder vier Hütten, in denen nur ein paar ältere Herrschaften lebten. „Gone", meinte Ben dann immer. Was soviel bedeuten konnte wie: „Hängen in Losuia rum!" oder „Die haben sich Arbeit in Port Moresby gesucht!"

Der Lkw des alten Ben stammt noch aus amerikanischen Kriegsbeständen, und weil Ben das Motoren-Monopol auf der Insel besitzt (auch wenn der dicke Dennis das Benzin-Monopol hat), verlangt er pro Kilometer fast zwei Mark. Eine Riesensumme, für ihn und auch für mich. Aber darunter tut er es nicht, und wenn ihm sein persönlicher Hausgeist „a bad vibration" – ein mieses Gefühl, übermittelt hat, macht er es auch für Geld nicht. Dann schwatzt der alte Ben dem dicken Dennis ein paar Flaschen Bier ab, legt sich auf die Ladefläche seines Lkws und wacht erst wieder auf, wenn der Rausch vorbei ist.

Ich handelte nicht mal um den Fahrpreis, was den alten Ben fröhlich stimmte. Natürlich wußte er, daß ich ihn brauchte, um in Okaioula ein gutes Wort für mich einzulegen und daß ich deshalb nicht gut mit ihm handeln konnte. Und außerdem war ich auch abhängig von ihm, weil er mich ja wieder abholen mußte, wenn ich die dreißig Kilometer zurück zur Lodge nicht zu Fuß laufen wollte.

Er hielt ein paar Meilen vor dem Dorf an, um zu kassieren, weil er nicht wollte, daß alle mitbekamen, wie er den „Dim-Dim" ausgenommen hatte. Was gut für ihn war – wie auch für mich –, denn so mußte er nicht den reichen Mann markieren, und ich sparte Geld, weil die Dorfbewohner nicht ahnten, was so einer wie ich zahlt, wenn er sein Ziel erreichen will.

Es rührte sich wenig, als wir in Okaioula eintrafen. Ein paar Dorfbewohner waren auf den Feldern, andere dösten in ihren Hütten und auf den Veranden.

„Chief away", berichtete Ben. Und so blieb mir nichts weiter übrig, als Ben wegzuschicken, nachdem er mir eine leerstehende Hütte besorgt hatte. „Du bleibst", gebot er, „und dann fragst du den Häuptling um Rat." Wir wurden jedoch jetzt schon von einer ganzen Gruppe Dorfbewohner umringt, und so wurde Ben auch noch die Geschichte los, daß der „Dim-Dim" das Wrack suchen wolle, keine Ruhe geben würde, bis man es ihm gezeigt habe, und daß er, Ben, in ein paar Tagen wiederkommen werde, um mich abzuholen.

„In ein paar Tagen" ist das übliche Zeitlimit auf Kiriwina, und mir schwante, daß das drei Tage oder drei Wochen bedeuten konnte. Je nachdem, was Bens Hausgeist – Dennis' Flaschengeist –, das Wetter, die Reifen und die Spritversorgung so zu sagen hatten. Aber ich widersprach nicht. Ben würde kommen, wann er wollte. Nicht eher.

Also spannte ich meine Hängematte auf der Veranda „meiner" Hütte auf, holte mein Notizbuch heraus und begann, Okaioula über den Brillenrand hinweg zu betrachten.

Es ist, als existierte ich nicht. Als sei ich nicht ein Verrückter, der in den Sumpf will. Niemand beachtet mich, und das ist natürlich Taktik: Einerseits darf man mich weder verärgern noch willkommen heißen, ehe der Chief eine Entscheidung getroffen hat. Außerdem – je länger man den „Dim-Dim" schmoren läßt, desto eher gibt er sein Vorhaben auf oder desto höher steigt der Preis für seinen Begleiter. Denn allein kann ich es auf keinen Fall wagen, in diese tückische Hölle aus klebrigem, schwarzbraunem Morast vorzudringen. Ich brauche einen Einheimischen, der möglichst bereits ein paarmal im Sumpf gewesen ist und einen Pfad zum Flugzeugwrack kennt, selbst wenn die festen Tritte dieses Schleichweges unsichtbar im Schlamm verborgen liegen. Damit rechne ich jedenfalls.

Es ist nicht eigentlich heiß auf dieser kleinen Insel in Nordwest-Melanesien, aber drückend schwül, obwohl fast immer eine leichte Brise weht. Das liegt daran, daß die Luft nicht frisch ist, sondern beladen mit Gerüchen und Düften. Dazu kommt das Schweigen, das über den Dörfern liegt, fast möchte ich sagen: lastet. Die Trobriander können fröhliche Menschen sein, sind es jedoch im täglichen Umgang nicht. Kein Wunder, daß auf Kiriwina die Trauer extrovertiert zelebriert wird. Das ist eine lange, interessante lange Geschichte, deren Kenntnis – wie fast alles von den Trobriand-Inseln – wir Bronislaw Malinowski verdanken:

Eine Witwe trägt lange Ketten aus Perlen (heute werden sie entweder aus Samenkörnern oder aus Plastik hergestellt), die man deshalb als „Witwentränen“ bezeichnet. Ihre engsten Verwandten weiblichen Geschlechts trauern mit, indem sie Arm- und Halsbänder tragen, die man „Kuwo“ nennt. Früher wurden diese Bänder aus dem Haar des Verstorbenen geflochten, heute stellt man sie aus Fasern der Pandanus-Palme her.

Doch dann folgt das „Sagali“, das Fest, mit dem eine Trauerzeit beendet wird. Nun trauert immer irgend jemand, und deshalb findet auch dauernd irgendwo auf Kiriwina ein „Sagali“ statt. Ein Kultobjekt dieser Zeremonie besteht aus kleinen Bündeln von getrockneten Bananenblättern, den „Doba“. Übersetzen könnte man das mit „Reichtum der Frauen“, aber das ist eine mehr symbolisch gemeinte Bezeichnung, denn die „Doba" sind materiell gar nichts wert, wenn auch als Geste unerläßlich.

„Sagali" wird manchmal bereits zwei Monate nach dem Tod gefeiert, manchmal zehn Monate danach. In dieser Zeit scheren sich die Angehörigen den Kopf kahl und bemalen ihre Körper mit einem Brei aus Ruß und Wasser oder mit frischen Holzkohlestückchen. Sie sammeln Yams und Betelnüsse, ziehen sich Schweine heran und schnüren die „Doba"-Bündel, um sie beim Fest zu verteilen. Man wartet deshalb so lange, weil die Seele des Verstorbenen Zeit haben soll, hinüberzusetzen nach Tuma, auf die Insel der Toten. Das ist natürlich nur eine imaginäre Insel, die auf keiner Landkarte verzeichnet ist.

Um die ersten Kontakte im Ort zu knüpfen, raffe ich mich aus meiner Hängematte auf und kaufe mir ein paar Yamswurzeln, die bereits gekocht sind und die Größe von Bocciakugeln haben. Sie sehen nicht gerade einladend aus, schmecken zuerst ungewohnt mehlig, trocken und süßlich und sind von jener merkwürdigen Weichheit, die auch steifgewordenen Griesbrei nicht gerade erstrebenswert macht. Aber ich merke schnell, daß ein paar Bissen genügen, um den ganzen Tag lang satt zu sein. Es ist nur leider eine eintönige Nahrung, und ich empfinde dabei bereits nach drei Tagen Langeweile. Die Trobriander kennen jedoch nichts anderes; sie ernähren sich davon ihr Leben lang und bessern diese einseitige Diät höchstens mit Gemüse, Fisch oder anderen Knollengewächsen auf. Ein Säckchen mit diesen Yams-Kugeln sollte später im Sumpf meine Wegzehrung sein, zusammen mit einer Flasche Wasser.

Ein kurzes Palaver beginnt. Schnitzer bieten mir Schüsseln an. Alte Männer lassen mich ihre uralten, vom Speck der Zeit glänzend gewordenen Mörserchen bewundern, in denen sie Muscheln für ihre „Betelmania" zu Kalk zerstoßen. Es sind kostbare Holzbecher – oft nur tabakspfeifengroße –, mit geschnitzten Tieren, Dämonen und auch schon mal mit einer erotischen Darstellung.

Am späten Nachmittag kommt Leben ins Dorf, denn der Chief ist zurückgekehrt. Er verkriecht sich aber sofort in sein Haus, und ein Sohn signalisiert mir, daß ich seinen Vater nicht vor morgen früh sprechen könne. Ich nicke und deute auf ein Feuer, das auf dem Dorfplatz vor sich hin brennt. Da nickt auch er, und ich weiß, daß ich zumindest soweit in die Dorfgemeinschaft aufgenommen bin, um am Abend mit den alten Herren am Lagerfeuer sitzen zu dürfen.

Es wird ein Abend der Gesten und Zeichnungen. Nur wenige Bewohner von Okaioula beherrschen ein paar Brocken Englisch. „Alarm, Alarm", sagt einer immer wieder, ein anderer warnt mich, ohne zu wissen, was er da sagt: „Careful, dear!" Aber wir kommen immer besser miteinander aus, weil die Dorfbewohner sehen, daß ich bereit bin, heute abend ihr Leben zu teilen und auf Extratouren verzichte. Ich lerne die angeborene Freundlichkeit der Trobriander kennen, die auch dann gilt, wenn ein „Dim-Dim" von ihnen abhängig ist.

Wir zeichnen Flugzeuge, Krokodile, wilde Wasser und gefährliche Fabelwesen in den durch die Nacht fast schwarzen Lehmboden, auf den die Flammen des Feuers einen flackernden Schein werfen. „Nogut", ruft einer das Pidgin-Wort für „schlecht". Er meint den Sumpf. Es gibt nicht einen, der mir nicht das Wrack auszureden versucht, und gemessen an der eisigen Zurückhaltung am Nachmittag begreife ich, daß der Chief eine vorläufige Entscheidung gefällt hat: dem Fremden die Expedition auszureden oder es zumindest durch schamlose Übertreibung der Gefahren zu versuchen . . .

Dabei sind es, soweit ich es verstehe, noch nicht einmal das bodenlose, ständig gurgelnde Wasser und die tückischen, saugenden, alles verschluckenden Gefahren des Morasts, vor denen sie sich am meisten fürchten oder wenigstens vorgeben, Angst zu haben. O ja, es gibt sogar einige, die sich brüsten, in ihrer Jugend auf Pfaden, die nur sie kennen, im Sumpf gewesen zu sein. Von Zeit zu Zeit, bedeutet mir einer, schicke der Chief sie hinein, um wildes Zuckerrohr und Sago zu ernten, aber nur für ein paar Stunden eben. Denn es sind die Geister, die sie fürchten. Und die Tiere. Oder andersherum – die Tiere, in denen sie verwandelte Geister in irdischer Gestalt vermuten. Vielleicht sogar Seelen auf dem Weg nach Tuma.

Ein Biotop wie dieses, ein tropischer Sumpf, der allmählich und unmerklich in Schwemmland übergeht, ist tatsächlich eine Brutstätte der erstaunlichsten Kreaturen. Ich habe fingerlange, würstchendicke Hundertfüßler gesehen, bestachelte Monster, deren Berührung ein unangenehmes, lang anhaltendes Brennen verursacht. Bei einem der Palaver am Lagerfeuer malt einer der Männer etwas mit einem Stöckchen in den Sand, das ich unschwer als Raupe erkenne, und gestenreich schildert der Mann, wie giftig dieses Wesen sei. Auch wenn man es nicht äße . . .

Ehe Moskitonetze in Mode kamen und erschwinglich wurden, müssen die Bewohner dieses Dorfes im Morast entsetzlich gelitten haben, und eines Tages zeigen sie mir einen alten, längst zerschlissenen Korb aus früher sicher mal dichtem Flechtwerk. Er sieht aus wie ein überhoher, schmaler Bienenkorb, und in solche Gebilde sind die Menschen nachts gekrochen, um Ruhe vor den stechenden, beißenden, giftigen, blutsaugenden Quälgeistern zu haben. Heute hat auch hier längst die Chemie Einzug gehalten.

Doch auf Kiriwina kann man auch den größten Schmetterling der Welt beobachten *(ornithoptera alexandrae)*, einen vogelartigen Riesenfalter, wie sein lateinischer Name schon sagt, der so groß ist wie ein Din-A 4-Blatt. Der Falter wirkt eigentlich mehr wie eine fliegende Blüte als ein Lebewesen, und man kann nur hoffen, daß er von unvernünftigen Schmetterlingssammlern nicht schon bald ausgerottet wird.

Einhundertzehn Schlangenarten existieren auf Kiriwina und Papua-Neuguinea, von denen – wie es in den Reiseführern so schön heißt – „nur einige nicht giftig" sind. Pythons kommen in erstaunlichen Exemplaren vor, dazu nicht weniger als zwölf Boa-Arten. Bis zu vier Meter lang wird die Taipan, eine Natter, deren Biß in jedem zweiten Fall unweigerlich tödlich ist, wenn nicht binnen Minuten das genau richtige Serum gespritzt wird. Aber das Reptil ist sehr scheu und deshalb nie zu sehen. Ganz anders dagegen die Todesviper, *acanthopis antarcticus*, die zwar nur zwei Meter lang wird, aber äußerst aggressiv ist.

Was nun Schlangen betrifft, gibt es mehr Gerüchte als tatsächliche Gefahren. Ich bin in Afrika aufgewachsen, mein erster erlernter Beruf ist der eines Wildhüters, und ich habe zahlreiche Expeditionen auf allen Kontinenten unternommen. Dennoch habe ich in vierzig Jahren erst fünfmal eine Schlange „live" gesehen, dreimal flüchtend und zweimal attackierend. Denn natürlich haben Schlangen einen größeren Horror vor Menschen als Menschen vor ihnen, es sei denn, sie werden in eine Ecke gedrängt und müssen angreifen, weil ihnen kein anderer Ausweg bleibt.

Der weiße Kakadu mit dem gelben Schopf ist häufig anzutreffen

Michael Wood, der Gründer und langjährige Chef der „Flying Doctors" in Ostafrika, hatte 1977 gezögert, der Harrer-Expedition in den Ituri-Dschungel von Zaire Sera gegen die häufigsten Schlangenarten zur Verfügung zu stellen. „Es sterben mehr Menschen am Serum", hatte er mich gewarnt, „als an Schlangenbissen, weil viele das Serum nicht vertragen, während man Schlangengift absorbieren kann, wenn man es geschickt anstellt."

Wir haben damals wochenlang geübt, den Herzschlag und somit den Kreislauf zu verlangsamen, damit sich das Gift langsamer im Blut verteilt. Ob es dann wirklich klappt, sich bewegungslos hinzulegen, wenn man eigentlich rasend aufgeregt sein sollte, weil einen eine Schlange erwischt hat?

Für die Bewohner des Dorfes Okaioula jedenfalls sind Schlangen Schreckgespenster. Als ich einen Holzschnitzer bitte, mir eine Schüssel anzufertigen, die aussehen soll wie eine Vertiefung in einem ganzen Bündel von Schlangen, wehrt er entsetzt ab – das hieße, die Schlangen zu rufen, das Böse zu beschwören. Und als es später endlich darum geht, einen Begleiter für mich zu finden, malen sie immer wieder riesige Reptile in den gestampften Lehmboden rund ums Lagerfeuer, wahre Drachen, die zwar kein Feuer speien können, aber dafür tödliches Gift.

„Snake is devil“, behauptet ein alter Mann immer wieder – Schlangen sind Teufelszeug. Und als sie sehen, daß Schlangen mich nicht schrecken, schmücken sie die Schlangen aus und malen Krokodile, die nun allerdings auf Neuguinea und den benachbarten Inseln in bemerkenswerten Exemplaren anzutreffen sind.

Hier lebt nämlich das Leistenkrokodil, das größte seiner Art auf der Welt. Es erreicht eine Durchschnittslänge von sieben Metern, und immer wieder werden am Sepik-Fluß Monster von zehn Meter Länge gefunden. Diese Krokodile können einem Menschen mit einem einzigen Schlag ihres Schwanzes beide Beine brechen, und das Heimtückische an ihnen ist, daß sie sowohl in den Flußmündungen vorkommen als auch im Meer, also im Süß- und im Salzwasser. Einer der Krokodiljäger oben am Sepik erzählte mir, daß man „schneller sein muß.

Denn das Leistenkrokodil zögert nicht lange und fällt sogar Menschen an, die sich ihm in Gruppen nähern." Es sind Fälle bekannt, wo Leistenkrokodile mehr als tausend Kilometer von ihrem ursprünglichen Lebensraum entfernt aufgetaucht sind. Sie können tage- und wochenlang durchs Meer schwimmen, und manchmal findet man ihre Brutstätten in einem Nest aus Schlamm, Laub, Sand, Ästen und Steinen auf scheinbar romantischen Inseln, die der Küste vorgelagert sind.

Leistenkrokodile geben ein seltsames Brummen von sich, bei dem man zuerst an Kühe denkt. Vor allem die Männchen machen sich so bemerkbar, und in der Paarungszeit kann man diese Töne häufig hören. Die eigentliche Nahrung dieser Riesen sind Fische, kleinere Säugetiere und auch Vögel, wenn sie sie erwischen.

Nur in den Flüssen – und auch in den Sümpfen – lebt ein kleinerer Vetter, das *crocodylus novaeguineae.* Es erreicht „nur" zwei bis vier Meter Länge, was aber da draußen im menschenfeindlichen Sumpf genügt, um für Menschen, die knie- und oft hüfttief durchs Wasser waten müssen, bedrohlich zu sein. Vielleicht greift dieses Krokodil nicht so schnell an wie sein größerer Vetter – aber zumindest das kribbelnde Gefühl ist da.

Es dauert genau achtundvierzig Stunden, bis sich ein bis dahin schweigsamer Mann, der sich George nennt, bereit erklärt, mich in den Sumpf zu begleiten. Er war mir von Anfang an aufgefallen, weil er sich nicht an den Schauergeschichten beteiligt hatte. Offensichtlich ist er der einzige, der wirklich schon mal tief im Sumpf gewesen war, während die anderen vor Gefahren warnen, die sie nicht kennen und die sie auch gar nicht kennenlernen wollen. George hatte zudem begriffen, indem er mich so lange stumm studierte, daß er kein Greenhorn mitzuschleppen hatte, sondern einen, der sich jeden Schritt zweimal überlegt, um keine unnötige Dramatik zu verursachen.

Die Frage ist nun, ob George und ich das Boot nehmen oder zu Fuß gehen sollten. Das Palaver auf dem Dorfplatz setzt von neuem ein, denn zu diesem Problem hat nun jeder etwas beizutragen, und was ich der Diskussion – die vollkommen ohne mich und George geführt wird – mitbekomme, ist folgendes: Zu Fuß kann man den Weg zum Wrack erheblich abkürzen, er ist jedoch weit beschwerlicher als mit dem Boot und natürlich voll der geschilderten Gefahren. Mit dem Boot muß man den Prielen folgen, also häufig weite, aber schiffbare Umwege paddeln, besitzt jedoch einen gewissen Schutz von unten und von den Seiten und befindet sich im Trockenen – nur weiß keiner der Eingeborenen genau, wie hoch im Moment das Sumpfwasser steht.

Wie lange würden wir so oder so, zu Fuß oder im Boot, brauchen? Das ist die entscheidende Frage bei einem Tag, der fast auf die Minute genau zwölf Stunden dauert: zwölf Stunden Helligkeit von 6 bis 18 Uhr. Denn Kiriwina liegt, nicht zu vergessen, fast auf dem Äquator.

George kratzt sich nachdenklich am Kopf, verzieht sein Gesicht in grüblerische Falten, sammelt Betelspucke zwischen seinen Backen und bläst sie zu Boden, worauf sich der schwarzbraune Lehm blutrot färbt. Die anderen Dorfbewohner beenden ihre Diskussion und blicken George, den Sumpf-Fachmann, wartend an. Schließlich sagt er: „Sechs Stunden hin, sechs Stunden zurück. Eine Stunde beim Wrack. Zu lang."

Ein unbeschreibliches Gebrüll setzt nun ein. Ich verstehe immer wieder die Worte „De“ für Tag und „Samting Nogut“ für Gefahr. Steinalte Männer zeichnen mit ihren dünnen Armen Schlangenlinien in die Luft, und Frauen, die im dunklen Hintergrund sitzen und bisher schweigend gelauscht haben, steuern schrille Töne bei, die wie „Aaaaiiiiihhhh“ klingen.

Tatsächlich, zwölf Stunden reine Marschzeit bedeuten mehr als nur einen Tag. Die eine Stunde, die ich beim Wrack benötige, bringt uns in die Dunkelheit. Man kann es drehen und wenden, wie man will, entweder wir beeilen uns und rechnen mit jeder Minute, oder wir lassen uns gleich Zeit, genießen den Ausflug und übernachten einmal im Sumpf. Oder wir nehmen das Boot. Aber da lerne ich ein papuaneuguineisches Naturgesetz kennen: das ausführliche Palaver über ein Thema, das eigentlich gar keines ist. Denken es gibt gar kein Boot! Das heißt, es gibt schon eins, aber nach der letzten Überschwemmung ist es abgetrieben und später leck wieder gefunden worden. Man hätte ein neues bauen müssen, was mindestens eine Woche gedauert hätte. Aber theoretisch besteht diese Möglichkeit, und deshalb wird leidenschaftlich darüber diskutiert.

Es bleibt George und mir nichts anderes übrig, als zu Fuß zu marschieren, was George von Anfang an klar gewesen ist, deshalb hatte er ja auch auf dreizehn Stunden getippt. Mit dem Boot, so erfahre ich später von ihm, kann man die Tour trotz der Umwege leicht unter zehn Stunden schaffen. Wir werden sehr früh aufbrechen, und wir einigen uns darauf, während des Marsches zu entscheiden, wie wir innerhalb der zwölf Stunden Helligkeit bleiben können.

George reckt fünf Finger in die Luft und sagt: „Me." Er kann es also in fünf Stunden schaffen. Fünf plus fünf – macht zehn, bleiben zwei Stunden am Wrack. Oder eine Stunde und eine Stunde Reserve. Da weiß ich, was George vorhat und mache mich darauf gefaßt, daß er hetzen wird, ohne Rücksicht auf den „Dim-Dim". Aber das ist mir ganz recht, und ich freue mich, daß er so ehrlich ist, mir das vorher anzukündigen.

„Könnten wir nicht", versuche ich es dennoch, „zumindest die Möglichkeit einkalkulieren, eine Nacht im Sumpf zu bleiben?" Das ist ein schwieriger Satz in Zeichensprache, ein paar Brocken Pidgin und einem Stöckchen, um Bilder auf den Boden zu malen.

Aber George begreift sofort, weil er wußte, daß ich das versuchen würde. Und er wird richtig böse. Er droht sogar abzubrechen, wenn ich trödeln würde, und sagt: „Ich kehre lieber um, als ein Risiko einzugehen. Ich schlafe auf keinen Fall dort." Er ist sicher kein furchtsamer Mann, aber sich den Geistern in der Dunkelheit zu stellen – dazu hat er keine Lust.

Was bleibt mir anderes übrig, als auf alles einzugehen, was George vorschlägt? Er ist der einzige, der mit mir gehen will, und wahrscheinlich der einzige in Okaioula, der sich im Sumpf auskennt. „Okay, George", versichere ich ihm deshalb. Und „okay" versteht man längst in jeder Sprache der Welt.

Ein Glück nur, daß es nicht regnet. Es gibt auf Papua-Neuguinea nämlich keine exakt festgelegten Jahreszeiten, nur ungefähre Perioden, und selbst die wechseln alle paar hundert Kilometer. Eine alte Missonarsweisheit besagt, daß es in diesem Teil der Erde im Grunde überhaupt nur zwei Jahreszeiten gibt – eine feuchte und eine nasse. Auf der großen Insel regnet es normalerweise zwischen November und März, aber schon in Lae und Wewak an der Ostküste verschiebt sich diese Zeit auf April bis Oktober. Jetzt ist Oktober, und man weiß nicht so recht, ob die Wolken, die immer mal wieder am Himmel erscheinen, Regen bringen werden oder nur Schatten.

Ich erinnere mich an eine Grundweisheit meines hochverehrten, ehemaligen Expeditionsleiters Heinrich Harrer, der mir immer wieder eingebleut hatte: „Wenn du bei schönem Wetter ankommen willst, mußt du bei schlechtem Wetter losmarschieren“, damit der unvermeidliche Wetterwechsel auch ja einkalkuliert wird.

„George, let's go“ bitte ich.

„Tomorrow morning“, antwortet er und verzieht sich in seine Hütte.

Ich habe den Chief immer noch nicht zu Gesicht bekommen, habe ihn nicht fragen können, ob es erlaubt sei, in seinem Gebiet umherzustreifen und das Wrack zu besichtigen, das längst dem Dorf gehört oder zumindest als Besitz betrachtet wird. Aber so wie die Dinge laufen, hat George sicher längst diese Erlaubnis eingeholt. Ich dürfte niemals zum Wrack aufbrechen, wenn der Chief dies nicht vorher genehmigt hätte.

Ein Tag in den Sümpfen

Also starten George und ich am nächsten Morgen in tiefster Dunkelheit um 5 Uhr, nachdem George am Abend vorher noch einen Jungen in meine Hütte geschickt hatte, der herausfinden sollte, ob ich eine Taschenlampe besaß. Als ich sie anknipste, zeigte mir der Junge die fünf Finger seiner rechten Hand, und da wußte ich, wann George aufbrechen wollte. Ich wunderte mich lediglich, daß er nach der Uhrzeit gehen wollte. Aber das war eine dumme Verwunderung, denn nach Kiriwina haben die Japaner längst billige Uhren exportiert.

George versucht also bereits am Morgen eine Stunde zu gewinnen. Als wir uns auf dem düster und schweigend daliegenden Dorfplatz treffen, zeigt er mit beiden Händen so etwas wie dreißig Zentimeter und flüstert: „This easy." Ich kapiere: Der erste Kilometer ist nicht schwierig, der ist sogar in der Dämmerung zu schaffen. Das liegt sicherlich daran, daß es trotz der angeblichen Regenzeit auf Kiriwina wochenlang nicht geregnet hatte und der Wasserspiegel ungewöhnlich niedrig ist.

So erlebe ich das Erwachen des Sumpfes – eine unglaublich schöne Erfahrung. Der Himmel spielt von Gelborange bis Rotviolett, manchmal sieht es aus, als gehe die Sonne nicht auf, sondern unter, die Zikaden setzen ein mit ihrer schrillen Eintonmusik, Tausende von Vögeln folgen, und der Tau überspannt die Natur wie ein Netz aus Kristallperlen.

Die Trockenheit hat richtige Inseln im Sumpf geschaffen, die

„Erhöhungen" der Landkarte liegen wie kleine Kontinente in einem Meer von Morast. Die Tritte des Pfades, den George wohl schon seit Kindheit kennt, sind an einigen Stellen zu schmalen Graten zusammengewachsen. Bäume und Büsche, normalerweise halb versunken, sind aus dem Wasser gestiegen und bieten uns ihre Wurzeln als Griffe und Geländer an.

Es ist etwas Eigenartiges an solch halben Dschungel-, halben Sumpfwanderungen. Naß bin ich sowieso, und mit der Zeit stört es mich nicht mehr, wenn ich von einem Graspolster abrutsche und halb in den Sumpf gleite. Dreck? Kein Thema, solange ich den Rucksack mit den Yamswurzeln, der Wasserflasche, der Taschenlampe und der übrigen Ausrüstung rechtzeitig hochreißen kann, damit er nicht feucht wird. Denn nichts trocknet hier. Weder Hemd noch Hose, in denen sich der Schweiß der Anstrengung mit der Luftfeuchtigkeit und dem brackigen Sumpfwasser vermischt. Die Temperatur steigt mit der Sonne, und nach zwei Stunden tauche ich sogar einmal freiwillig unter, um mir Kühlung zu verschaffen und etwas Verdunstungskälte zu genießen, denn je näher wir dem Inneren des Sumpfes kommen und damit der Küste, desto spürbarer wird eine leichte Brise, die die Feuchtigkeit auf unseren Körpern verdampfen läßt.

Der gute Pater Bernhard aus Berlin fällt mir ein. Der Vater der Turkana in Nord-Kenia, ein Mann Gottes, für den es wichtiger ist, daß seine Schäfchen leben wie anständige Menschen, als daß er sie um jeden Preis tauft. Ich bin mehrmals unterwegs gewesen mit diesem bewundernswerten und ungewöhnlichen Missionar, und daß ich hier, im Sumpf von Kiriwina, gerade auf ihn komme, liegt am Dreck. Denn diesen Begriff gibt es für ihn nicht.

„Dreckig ist abwertend, beleidigend, unpräzise", pflegte er zu sagen, wenn ich dieses Wort fahrlässig wieder einmal gebrauchte. „Dreck ist soviel leichter zu ertragen, wenn du ihn spezifizierst. Kein Mensch ist dreckig – aber staubig, voller Öl, schlammig, bekleckert oder rußig. Verstehst du, was ich meine?" Ich verstand es und tue mich seitdem leichter – vor allem auf Reisen.

Das Gelände, das George und ich durchqueren, ist eine Mischung aus Kunaigrassteppe, Buschland, dichtem Dschungel und torfigem Morast. Nie ist abzusehen, ob uns das Wasser bis zur Sohle oder bis zur Hüfte reichen würde. Ich habe mir längst einen Stab gebrochen, einen einigermaßen langen Ast, mit dem ich bei jedem Schritt vor mir her stochere. Was keine schlechte Idee gewesen sein muß, denn einige Male leiht George sich den Stecken aus und lotet die Tiefe selbst aus.

Obwohl wir zu zweit sind und auf Tuchfühlung, überkommt mich ein Gefühl der Verlorenheit. Manchmal komme ich mir vor wie in einer Grube: Oben der strahlend blaue Himmel, von dem sich nun auch die letzte Wolke verzogen hat, um mich herum Bäume und Büsche, die größer werden, je tiefer ich in den Boden einsinke. Nur wenn ich mich an den Zweigen eines Weihnachtssternbusches aus der schwarzbraunen Brühe zu einer Grasinsel hochziehe, weil ich meinen eigenen Pfad hatte finden wollen und Georges Tritt nicht benützt hatte, kommt ein Gefühl der Überlegenheit zurück, der Beherrschung meiner Umwelt.

Als mir das jedoch zum drittenmal passiert, streckt George schweigend eine Hand aus – und ich gebe ihm den Rucksack, der im Notfall wichtiger ist als ich. Es ist eine feine, notwendige Form der Mißbilligung, die ich akzeptiere, auch wenn es mir gefallen hat, mich buchstäblich am eigenen Schopf aus dem Sumpf zu ziehen...

Ich begreife nun, wie die „Marauder" hierher gekommen sein mag, samt ihrer Last von sieben Australiern, trotz vierzehn wacher Augen, die sicherlich alle sehr aufmerksam das Gelände studiert hatten, in das sie niedergingen: Sie hatten die aus der Luft gleichmäßig grün aussehende Fläche des Sumpfes für eine flache Wiese gehalten. Dabei spiegelt sich für George und mich die Vegetation im Wasser, aber die Flieger waren wohl so steil eingeschwebt, daß sie keine Reflexion erkennen konnten, und wenn, dann zu spät. Die „Marauder" muß einem fatalen Trugschluß zum Opfer gefallen sein, dem wir sogar hier am Boden manchmal aufsitzen. Denn selbst George passiert es manchmal, daß er einen festen Tritt erkannt zu haben glaubt – und er sackt weg!

„Dangerous", warnt mich George dann jedesmal. „Achte darauf, wo ich meinen Fuß hinsetze!" Aber niemand kann einem anderen fünf Stunden lang auf Schritt und Tritt folgen, wenn die beiden das nicht wochenlang geübt haben. Langsam überkommt mich die Erkenntnis, daß ich einen gravierenden Bekleidungsfehler begangen habe. George geht barfuß und, wie mir scheint, weit sicherer als ich, der ich knöchelhohe Stiefel trage, die sich im Urwald und sogar in der Savanne bestens bewährt haben. Jetzt halten sie mich weder trocken, noch greifen sie besonders gut. Im Gegenteil, das Leder nimmt den zähen Schlamm an wie Klebstoff, und ich muß sie immer wieder abstreifen, um die kiloschwere Last zu entfernen, die meine Schritte noch unsicherer macht.

Also ziehe ich meine Stiefel einfach aus, streife mir die Socken ab, stecke sie in die Tasche meiner Shorts und will

Dieser Sumpftümpel könnte ein Krokodil beherbergen

gerade barfuß weiterlaufen – da geschieht etwas Komisches: Als George sieht, daß ich die Stiefel in hohem Bogen in den Sumpf werfen will, um mich nicht mit unnötigem Gepäck zu belasten, fällt er mir in den Arm und ruft: „Good shoes!" Er ergreift die Stiefel und sieht mich fragend an. Ich bedeute ihm, daß er sie haben könne, ich sei froh, sie los zu sein. Da zieht er sie an und läuft in Stiefeln weiter, stolz, nicht mehr barfuß gehen zu müssen – und ich muß mich erst einmal setzen, um in Ruhe zu lachen!

Wir sehen weder Reptilien noch alle übrigen, so überzeugend abenteuerlich geschilderten Kreaturen. Ein paar Mal hebt George eine Hand, hält mich an der Schulter fest oder legt einen Finger an die Lippen, damit ich stehenbleibe und mich ruhig verhalte – dann platscht meist irgend etwas ins Wasser oder verschwindet eilig durch die Büsche. Aber wirklich sehen wir nie etwas, zumindest nichts, was sich im Wasser und auf dem Land bewegt. Selbst die Insekten halten sich zurück, vielleicht hat die Regierung dem Sumpf vor kurzem eine tödliche Ladung DDT aus der Luft verpaßt. Vielleicht hat den Blutsaugern auch die lange Trockenheit geschadet.

George läßt nie einen Zweifel daran, daß er genau weiß, wo die „Marauder" liegt, und er findet sie nach nur fünf Stunden Marschzeit mit der Präzision eines Kompasses. Ich wäre wohl selbst in zehn Meter Entfernung an der Maschine vorbeigelaufen, zumal ich bei jedem Schritt den Blick auf den Pfad gesenkt halte. Der Riesenvogel liegt derart versteckt, daß man ihn sogar von nächster Nähe eher erahnen als sehen kann. Aber George stößt mich an und sagt: „Luk!" Wie ein guter Regisseur, der bei seiner wohlüberlegten Inszenierung eine Ouvertüre vor das Öffnen des Vorhangs setzt.

Da erspähe ich die „Marauder": silbrig glänzend, fast weiß und an einigen Stellen von meterhohen Palmen und dichtem Buschwerk durchwachsen. Der Schwanz ist komplett erhalten, das Vorderteil des Rumpfes fehlt ab der Schnittkante der Flügel. So, als beginne das Wrack beim Rumpf und der Kopf fehle. Die Motorengondeln – wie der überwiegende Teil der übrigen Oberfläche – sind offen, und der Kadaver dieser australischen Kampfmaschine wirkt ein bißchen wie gehäutet und ausgenommen. Da finde ich bestätigt, was mir bei der Luftaufnahme erst unter der Lupe aufgegangen war – die „Marauder" liegt tatsächlich auf dem Rücken, muß bei der Landung also tatsächlich einen halben Salto gebaut haben, einen gestreckten Überschlag.

Offensichtlich hat das Wrack eine Art künstlicher Insel gebildet, zumindest hat die Erde die günstige Gelegenheit ergriffen und sich rund um die „Marauder" verfestigt. Jetzt kann man gefahrlos um die Maschine herumwandern, der Boden trägt; man muß nur aufpassen, daß man nicht auf lose Teile tritt, die versteckt im Gras liegen. Noch ehe ich am Rumpf angelangt bin, stolpere ich über ein Metallteil von gut einem Meter im Quadrat, auf dem ich sieben verwaschene Zeichen entdecken kann. George holt zwei Handvoll Wasser aus dem nächsten Sumpfloch, gießt es über die Markierung, und da tauchen aus der trüben Dämmerung der Geschichte jene Farbstriche auf, die die Visitenkarte jedes Flugzeugs sind: 40-1426. Wir haben ihn gefunden, den metallenen Sarg des berühmten australischen Fliegers Charles Raymond Gurney.

Ich habe später versucht, mehr über diesen Mann und sein Flugzeug herauszubringen, bekam jedoch vom australischen Verteidigungsministerium in Canberra eine Absage aus Pietätsgründen. Die Luftwaffe schrieb mir zurück: „Weitere Informationen können wir Ihnen ohne die Genehmigung der nächsten Angehörigen nicht mitteilen." Aber immerhin erfuhr ich, daß Gurney der Staffelkapitän der 22. Bombergruppe in der 19. Bomber-Squadron gewesen war, die vom Luftwaffenstützpunkt Kilakila, der in der Nähe von Port Moresby lag, aus operierte. Er und seine sechs Begleiter waren auf dem Flug nach Simpson Harbour bei Rabaul auf der Insel New Britain. Sie wurden von einer japanischen Flak beschossen, ein Motor geriet in Brand. Es gelang ihnen jedoch, einen Sturz ins Meer zu vermeiden, indem sie gerade noch bis Kiriwina trudelten.

Nicht das Flieger-As Gurney steuerte die „Marauder", sondern ein Leutnant Christian J. Herron, und beide wurden bei der Notlandung getötet. Die fünf anderen Besatzungsmitglieder überlebten zum Teil und schafften es, dem Sumpf zu entkommen, ohne den Japanern in die Hände zu fallen. Heute ist ein Flugplatz bei Milne Bay, im äußersten Südosten von Neuguinea, nach Gurney benannt, und der Staffelkapitän gilt in seiner Heimat als australischer Udet.

An der Fundstelle des Wracks wird klar: Hätte Herron die „Marauder" auf dem Bauch aufgesetzt, also das Fahrwerk drin gelassen, wäre sie wahrscheinlich unbeschädigt zum Stillstand gekommen. Sie wäre durch den Sumpf geglitten wie ein Wasserskiläufer auf einem See. Natürlich besteht dabei die Gefahr, daß eine Maschine, die immer noch mit beträchtlicher Geschwindigkeit landet, auch wenn sie weidwund geschossen wurde, zu weit schlittert und in die Bäume rast, die auch im Sumpf wachsen, vor allem rund um die Lichtung, auf der das Wrack steht. Es ist müßig, darüber zu diskutieren – Herron hatte das Fahrwerk eben draußen, als er Erdkontakt bekam, die Maschine überschlug sich und zerbrach, als die Nase in den Morast fuhr.

Die B-26 „Marauder" ist eines der besterhaltenen Wracks auf Kiriwina, weil die unzugängliche Lage das Ausschlachten verhindert hat. Natürlich sind die fünfundvierzig Jahre im Sumpf nicht spurlos vorübergegangen, und sehr viel blieb schon nach der Bruchlandung nicht übrig. Aber als ich ins Cockpit schaue, was nicht einfach ist, da es zuunterst liegt und tief in den feuchten Boden eingegraben ist, entdecke ich eine geisterhafte Szene, die mich im ersten Moment so erschreckt, daß ich entsetzt zurückpralle: Im Halbdunkel der Kabine leuchten die Instrumente! Der Phosphor der Zeiger und Zahlen hat seine Kraft behalten, und fast scheint es mir, als könne der tote Vogel jeden Moment wieder zum Leben erwachen. Unwillkürlich schaue ich nach der Zündung. Doch da tickt nichts, das Cockpit ist eine Mumie. Aber es knackt im Skelett der Maschine, ein Tier kriecht irgendwo ins Dunkle, und das macht die glühenden Ührchen noch unheimlicher.

George ahnt mein Erstaunen, als ich aus meinem Kopfstand ins Cockpit wieder auftauche. Er selbst hat einige Male in die Kanzel geschaut und kennt den hellgrünen, milchigen Schein. Er ist ihm ebenso unheimlich wie mir, aber George bringt ein Lächeln fertig, als er sagt: „Japanese ghost!" Es ist nur kein japanischer Geist, der uns da leuchtet, sondern ein australischer, und ich erkläre ihm das. Erstaunen gleitet über sein Gesicht, denn bisher hat er geglaubt, daß alle Wracks japanisch seien. Wo Japan doch den Krieg verloren hat. Staunend wiederholt er meine Information: „Aussie ghost! Aussie ghost!" Wie sollen die Leute hier auch die alten Fronten begreifen, die heute – nach über vierzig Jahren – selbst den Gegnern von einst als so völlig sinnlos erscheinen?

Fast eineinhalb Stunden bleiben George und ich beim Wrack der „Marauder", ehe wir zurückmarschieren. Die Sonne hat ihren höchsten Stand erreicht, und es beginnt zu knarren, als sich das Metall in der Hitze ausdehnt. Die „Marauder", so schien es, atmete schwer ...

Wir müssen zurück, auch wenn es erst 12 Uhr ist, und plötzlich überkommt mich der Gedanke, daß dies ein Ort auf unserer Erde ist, den ich wohl nie wiedersehen werde. Ich gebe dem toten Vogel einen Klaps, der wie ein Zittern durch den Rumpf läuft, und nehme zum Abschied einen tiefen Schluck aus meiner Wasserflasche. Dann packen wir jeder eine Yamswurzel aus dem Rucksack und beginnen unseren Rückweg kauend.

„Balus slip nau. Kwiktaim Sun i-go daun", murmelte George mit vollen Backen und in astreinem Pidgin – „Das Flugzeug schläft jetzt wieder, und wir müssen machen, daß wir vor Sonnenuntergang im Dorf sind . . ."

Ich entdecke, daß George so klug war, schmale blaue Plastikstreifen entlang unseres Pfades anzubringen. Das hatte ich übersehen auf dem Herweg. Er muß das geschickt und heimlich gerade in den Momenten gemacht haben, in denen ich vollauf mit mir selbst zu tun hatte. Wir brauchen deshalb den Pfad nicht mehr zu ertasten und sparen dadurch fast eine halbe Stunde. Komisch nur, daß er die Markierungen sorgfältig wieder einsammelt oder mich bittet, sie abzunehmen, nachdem wir sie passiert haben. Ich frage ihn nach dem Grund, aber da wird er mürrisch und schweigsam. Es ist auch so klar, daß er keinen anderen Dorfbewohner auf die richtige Spur bringen will. George beabsichtigt, das Geheimnis seines Schatzes zu bewahren, die B-26 „Marauder" soll „seine" Maschine bleiben, eine Art Sicherheit, sollten noch weitere „Dim-Dim" so verrückt sein, das Wrack sehen zu wollen.

Gegen 17 Uhr stehen wir wieder auf dem Dorfplatz von Okaioula, werden umringt von jenen, die uns so dringend vor dem Marsch gewarnt hatten, und der Zauberer bürstet uns mit frisch gebrochenen Zweigen ab, damit wir keinen Hauch des Bösen aus der sumpfigen Hölle einschleppen. Beschwörend flüstert er ein paar geheime Formeln und spuckt dann ein paarmal um uns herum, ehe wir gereinigt aus seinem Bann treten dürfen. Auf einer Veranda sitzt der Chief und hebt zur Begrüßung die Hand. Ich schenke ihm meine wasserdichte, im Strahl verstellbare Taschenlampe als Beweis meiner Dankbarkeit, daß er mir den Besuch des Wracks gestattet und George zur Verfügung gestellt hat. George verlangt 20 Kina für seine Begleitung, was zur Zeit meines Besuches etwa 40 Mark sind, und ich überreiche sie, wie sich das gehört, dem Chief. Wieviel davon tatsächlich bei George landen, weiß ich nicht.

Ich hatte Fragen erwartet. Nicht nach unserem Wohlergehen, das sah man uns ja an, aber nach unseren Erlebnissen mit den Monstern und Dämonen, mit denen sie mich hatten schrecken wollen. Aber nicht ein einziger will irgend etwas wissen. Sie sind sichtlich froh, uns heil wieder im Dorf zu haben – aber das Risiko, daß wir sie, die nicht so Mutigen, mit abenteuerlichen Erzählungen in Panik versetzen könnten, ist ihnen einfach zu hoch. Natürlich berichtet George dem Chief, daß er das Wrack wieder einmal gefunden hat und daß es immer noch so aussieht wie beim letzten Mal. Und selbstverständlich versichert er, daß weder ich noch er ein Stück mitgenommen oder verändert hatten – aber so wie sie uns abgeraten hatten, in den Sumpf vorzudringen, so weigern sie sich nun, nachzufragen, wie wir es dennoch geschafft haben. Das wäre ja auch peinlich für sie, und ein bißchen würden sie mit ihrer Neugier sogar das Gesicht verlieren.

So bleibt mir nichts weiter übrig, als auf den alten Ben und seinen klapprigen Lkw zu warten. Drei Tage hatte ich gesagt, und das bedeutet einen Tag mehr in Okaioula. Was mir nur recht ist, um mein Abenteuer im Notizbuch nachzutragen und mich so gründlich zu waschen, wie schon lange nicht mehr. Dazu krame ich meinen Wassersack aus dem Gepäck, der nicht

Abend auf Kiriwina

nur zum Trinken, sondern auch zum Duschen gut ist, wenn man ihn in richtiger Höhe an einen Baum hängt, die Düse öffnet und sich darunterstellt. Den Dreck aus dem Sumpf schwemme ich mit Wasser aus dem Sumpf weg, auch wenn das bedeutet, daß ich den Sack vor dem nächsten Trinkgebrauch sorgfältig reinigen muß.

Der alte Ben kommt, wie vereinbart, und ich höre seinen Truck schon aus weiter Entfernung über die Korallenstraße ächzen. Als wir zurückrattern nach Losuia und wir beide in Gedanken mit jedem Kilometer die Kina zählen, die diese Fahrt wieder kosten bzw. bringen wird, erzählt er mir eine enorm unanständige Geschichte über seinen Freund „Duke" und dessen erotische Abenteuer auf Kiriwina. Ich brauche lange, bis ich kapiere, daß Ben wirklich John Wayne meint, den er gekannt haben muß (oder vorgibt, gekannt zu haben), und auf diese merkwürdige Weise holt mich der alte Herr aus meinen Gedanken an den Sumpf zurück in die Wirklichkeit von Kiriwina.

„Der Duke ist jetzt tot", verrate ich ihm.

Der alte Ben ist so bestürzt, daß er den schweren Lkw zum Stillstand bringt, den Motor abwürgt und fragt: „He too much f...?"

„Nein", beruhige ich ihn, „he very old."

„Ah, then many memories", befand der alte Ben, und ich bewundere ihn für seine Weisheit.

Abflug aus Kiriwina: Wieder begleitet eine Menschenmenge die Maschine der „Air Niugini". Geschäftstüchtige Inselbewohner haben lange Reihen gefesselter Taschenkrebse entlang der Runway aufgestapelt und verlangen von den Passagieren und der Besatzung fünf Mark pro Stück. Ein Spottpreis für die schwarzgrünen, gut zwanzig Zentimeter großen Delikatessen, die in Port Moresby das Vierfache bringen. Vor allem die australischen Piloten decken sich ein und öffnen der lebenden Last extra den Frachtraum für Reisegepäck, der ansonsten leer bleibt, weil niemand mit Koffer nach Kiriwina reist und folglich keiner mit Koffer abfliegt.

Es sind bis auf den letzten Passagier die gleichen, die eine Woche vorher gekommen sind. Die Maschine ist nur halb voll, aber wesentlich schwerer. Nicht wegen der Taschenkrebse, sondern wegen der Schnitzereien, die zentnerweise mitgeschleppt werden.

Als der Pilot auf meinen Wunsch hin eine Schleife nach Süden zieht, erkenne ich Muwo Island und Kabanikau Point und ein Dorf, das Okaioula sein könnte. Einmal blitzt ein Wasser auf – das muß der Sumpf sein! Aber so angestrengt ich auch in die Tiefe blicke, ich kann nichts erkennen. Der Sumpf ist jene einheitlich grüne Fläche, die Gurney und Herron zum Landen verleitet haben mußte. Er hütet sein Geheimnis; die „Marauder" bleibt versteckt.

Nach der milden Südsee erwartet uns das rauhe Hochland. Ich fliege aus der Hitze des Pazifiks in das nachts schneidend kalte Neuguinea rund um die Stadt Mount Hagen, und später warten noch einmal das stickig feuchte Madang und das traumhaft schöne Alexishafen auf mich. Ich fliege einem Stück deutscher Fluggeschichte hinterher ...

Die Suche nach den Wellblechvögeln „Made in Germany“

Es lag an einer Bitte aus heiterem Himmel, daß ich mich auf die Suche nach den beiden Wellblechvögeln „Made in Germany“ machte. Die Bitte kam eines Tages per Post, und Dirk Henning Strassl von BMW schrieb:

„... höre ich, daß Sie in den nächsten Wochen nach Papua-Neuguinea reisen. Sicher wissen Sie, daß das Land in der Frühphase seiner technischen Entwicklung, also während der 30er und 40er Jahre, zu den Ländern gehörte, die den dichtesten Flugverkehr zu verzeichnen hatten. Bergbauausrüstungen, Motoren und Aggregate wurden mit Flugzeugen in die Kupfer- und Goldminen des Hochlandes geflogen. Großen Anteil an dieser Flughistorie hatten die mit BMW-Motoren ausgestatteten Junkers-Flugzeuge. Können Sie diesem Thema für uns einmal nachgehen?“

Dieser Brief brachte mich auf die Spur der wunderhübschen „Lady Lettie“, die eine JU W 33 war und ihre abenteuerliche Geschichte mit der australischen Registrierung VH-UIW flog. Es ist die Geschichte einer verschwundenen Liebe und eines falschen Motors. Aber es ist auch eine Story aus einer Zeit, als deutsche Maschinen den Himmel über Neuguinea beherrschten und der Star aus Germany die „Lady Lettie“ war.

Frühe Neuguinea-Reisende werden sich noch an sie erinnern, ohne ihren Namen gekannt zu haben. Sie stand einfach nur da, inkognito und einsam mitten in einem Gemüsegarten und allmählich immer dichter umzingelt von aufstrebenden Teakbäumen. Über vierzig Jahre stand die „Lady Lettie" dort in Alexishafen am Strand des Pazifischen Ozeans, doch wer sie heute dort sucht, tut dies vergebens. Sie ist verschwunden. Nur noch ein paar ausgeglühte, verbogene, halbverrostete Rohre und eine Ölspur erinnern an sie.

Die W 33 ist eine modifizierte Version der W 34, und die sieht der noch älteren F 13 von Junkers derart ähnlich, daß Charles Darby in seinem lesenswerten Buch „Pacific Aircraft Wrecks" behauptete, die „Lady Lettie" sei eine Junkers F 13. Was nicht stimmt – die Ähnlichkeit ist allerdings tatsächlich verblüffend, denn gegenüber der W 34 war die W 33 lediglich mit einem etwas schwächeren Junkers-L5-Motor ausgerüstet.

Eine W 34, erinnern wir uns, hat 1928 Geschichte gemacht. Denn mit einer Maschine dieses Typs überquerten Köhl, von Hünefeld und Fitzmaurice am 12. und 13. April den Nordatlantik zum ersten Mal in Ost-West-Richtung. Dabei benötigten sie für die rund 3600 km von Dublin nach Neufundland genau 36,5 Stunden. Eine fabelhafte Leistung für die W 34, die erst 1927 – also ein Jahr zuvor – in Dienst gestellt worden war.

Die technischen Daten dieses Supervogels seiner Zeit, mit dem endlich ein Hersteller voll auf den Trend zum Passagierflugzeug gesetzt hatte, waren folgende: 18,35 m Spannweite; 10,9 m Länge; 3,5 m Höhe; Gewicht: 3700 kg; Geschwindigkeit: 190 km/h; maximale Höhe: 4300 m; Insassen: 3 (aber ausbaufähig); Motor: ein Sechszylinder mit 280 bis 360 PS.

Eine große Maschine für damalige Verhältnisse, auch wenn sie heute, geschickt verpackt, in den Frachtraum eines Jumbo-Jets passen würde. Aber hinter den trockenen technischen Zahlen und der geringen Größe verbirgt sich eine dramatische

Geschichte, zumindest was die W 33 betrifft. Die „Lady Lettie“ war ein Flugzeug für Friedenszeiten und flog in einem Rohstoffkrieg, in einem Kampf bis aufs Messer, in dem jede Stunde, jedes Kilo, jede Meile zählte.

Es ging um das Gold in den Bergen von Neuguinea und um den schnellsten und sichersten Weg, es aus den Bergen hinab ins Tal zu schaffen. Für die Prospektoren der 20er und 30er Jahre waren Flugzeuge so etwas wie die Pickel und Schaufeln des Aero-Zeitalters. Mit Hilfe der Junkers-Maschinen wurden Männer, die Glück und das Kapital hatten, sich eine der teuren Maschinen aus Germany kommen zu lassen, zu Millionären. Mit Piloten, die immer noch im Freien saßen, während die Passagiere eine Kabine bezogen, wie wir sie heute kennen. Es gab jedoch keine Passagiere damals. Die Junkers-Vögel flogen Lasten, schwere Lasten: Gesteinsbrocken und Säcke voller goldhaltiger Nuggets.

Bereits 1928 hatte die GAL, die „Guinea Airways Limited“, ihre erste Maschine in Bremen gekauft, und die „Number One Junkers“, so ihr offizieller Name in Neuguinea, brach alle Frachtrekorde. Was einerseits der robusten Bauweise aus einer Art Wellblech zu verdanken war – denn die Konkurrenz flog meist noch mit leinwandbezogenem Sperrholz –, zum anderen der Wetterbeständigkeit dieser Konstruktion. Die JUs überstanden die stickige Feuchtigkeit der Küstenprovinzen ebenso wie die Kältegrade des Hochlandes.

Nun muß man zugeben, daß die Konkurrenzflugzeuge ein bunt zusammengewürfelter Haufen waren, der überwiegend aus „Überlebenden“ des Ersten Weltkriegs bestand. Das waren Doppeldecker der Marken Bristol und de Havilland, reine Kampfmaschinen für schnelle Einsätze, nicht gebaut, Tonnen-

Lasten zu befördern und dabei auf Pisten zu landen und zu starten, die heute eigentlich nur noch von Hubschraubern benützt werden.

Die GAL benützte eine W34L „Bremen", wie Köhl, von Hünefeld und Fitzmaurice sie geflogen hatten, und machte mit der „Number One Junkers" willkommene Reklame für deutsche Flugzeuge. Alle Konkurrenten versuchten nun, eine „Bremen" in Bremen zu kaufen, und das gelang als zweiter Gesellschaft der „Ellyou Corporation", gefolgt von der „Bulolo Gold Dredging Limited" und schließlich der „Taylor & Ross Air Transportation Company" – womit wir bei der „Lady Lettie" sind.

Der Grund für diese hektischen Käufe auf der anderen Seite der Welt, wo man Flugzeuge erwarb, die noch per Schiff geliefert werden mußten, weil die Entfernung viel zu groß und die Welt noch nicht umflogen war: ein gigantischer Goldrausch. Er erschütterte Neuguinea zwischen 1920 und 1940 und lief etwa so ab wie der berüchtigte „Goldrush" in Klondike 1896. Einzelne Haudegen und zwielichtige Firmen steckten ihre Claims in den Bergen ab, ehe seriöse Minenunternehmen aus der ganzen Welt die meist wegen Geldmangel aufgelassenen Bohrlöcher der Pioniere übernahmen und mit Millionenkapital professionell ausbeuteten.

Selbst zu der Zeit, als die Nordostecke von Neuguinea noch deutsche Kolonie war, ahnten die Beamten, daß mehr in den bis zu 4500 m hohen Gebirgen stecken mußte als kriegerische Stämme und bunte Paradiesvögel.

Wer jemals das Hinterland des Hochlandes bereist hat, weiß, vor welchen Problemen die Schürfer damals standen (und teilweise auch noch heute stehen). Es gibt kaum Straßen in

Papua-Neuguinea, ein Transport über Land dauert Wochen und ist viel zu gefährlich, besonders für einen, der Gold transportiert. Und oft sind Wege, die Jahrzehnte gehalten haben, nach einem Regenguß über Nacht verschwunden.

Das Gold sollte sicher die Tresore erreichen und möglichst schnell die Scheideanstalten der größeren Städte und die Länder in Übersee. Und das geht nicht auf dem Rücken von Trägern. Also brauchte man Flugzeuge, robuste Maschinen mit mutigen Piloten. Innerhalb von fünf Jahren wurden in Neuguinea – über die ganze Insel verstreut – 316 Flugpisten aus dem Boden gestampft und aus dem Dschungel gehackt. Oft mußten ganze Berghänge planiert werden; und noch heute ahnt man, wenn ein Pilot im Landesinnern bergauf landen und bergab starten muß, daß die Piste noch aus den Zeiten des Goldrausches stammt. Die tollkühnen Männer in ihren fliegenden Kisten mußten in der Regenzeit auf Schlammwüsten und in der Hitze auf gebrochenen Äckern landen. Mit einer Fracht an Bord, die nicht selten ein Vermögen wert war und deshalb ständig in Gefahr, unter die Räuber zu fallen.

Die Idealmaschine mußte also nicht nur robust zum Fliegen sein, sondern auch gebaut wie ein Tresor, den man nicht so leicht knacken konnte wie die uralten Bristols und de Havillands. Genau diese Maschine baute Hugo Junkers in Bremen.

Doch zurück zur „Lady Lettie“: Taylor & Ross standen vor dem Bankrott. Die einzige Maschine der Gesellschaft, eine de Havilland DH9C mit dem Namen „Lady Peggy“, war im November 1929 ins Meer gestürzt. Der Pilot überstand die Katastrophe unverletzt, aber keiner der Firmenpartner besaß das erforderliche Kapital, um ein neues Flugzeug zu beschaffen.

Taylor sah die einzige Chance darin, einen weiteren Partner in die Company zu holen, unter der Bedingung, daß er die erforderliche Maschine finanzieren konnte. Eine Junkers W 33 sollte es sein. Er fand einen gewissen G. L. Bond, der im Ersten Weltkrieg als Pilot geflogen war und genügend Geld gespart hatte. Der neue Partner paßte jedoch Taylors Kompagnon Ross nicht, er ließ sich auszahlen und gründete seine eigene Firma. Taylor & Ross hieß von nun an Taylor & Bond.

Drei Monate mußten die beiden Gold-Flieger warten, bis ihre deutsche Hoffnung aus Bremen in Ozeanien eintraf, und beide waren so erleichtert, als die W 33 endlich unterwegs war, daß sie nach Port Melbourne reisten, um dabeizusein, wenn die Maschine von der „S. S. Mosel" ausgeladen wurde. Denn natürlich gelangte die W 33 nicht mit eigener Kraft nach Australien, sondern verpackt in Kisten im Frachtraum eines Schiffes. Und nicht nur das: Bei solchen Lieferungen reiste stets ein deutscher Ingenieur mit, der die Maschine vor Ort zusammenbaute und dann mit ihr Probe flog. In diesem Fall war das ein Mann namens Walter Rothe.

Man schrieb den Februar 1930, als der Kran die erste Kiste mit dem Rumpf der Junkers W 33 aus dem Bauch des Schiffes auf das Dock von Port Moresby hob. Taylor und Bond hatten sich überlegt, daß man das teure Stück nicht dem Risiko eines langen Fluges nach Neuguinea aussetzen sollte, ohne an die Möglichkeit zu denken, auf dem Wasser zu landen. Die Maschine, fabrikneu und vielleicht noch mit Mucken behaftet, bekam Schwimmer unter das Fahrwerk, die fast so lang waren wie der Rumpf und überdimensional hoch.

Im Eilverfahren drückten die Partner die Zulassung der W 33 beim Australian Department of Civil Aviation durch, geradezu

Die „Lady Lettie“ vor ihrem Jungfernflug nach Neuguinea

hastig wurde die neue Registrierung VH-UIW auf den Rumpf gepinselt (in riesigen schwarzen Buchstaben und ziemlich unregelmäßig), und dann hob der deutsche Vogel zum ersten Mal ab, um in seine neue Heimat Neuguinea zu fliegen.

Der Jungfernflug verlief genau nach Plan und ohne jeden Zwischenfall: Am 12. März 1930 landete die „Lady Lettie“ in Salamaua, und damit begann das eigentliche Drama. Ross war der Pilot der Firma gewesen, und Taylor besaß keine Fluglizenz. Mit einer gewissen Blauäugigkeit hatte Taylor gehofft, der Testpilot von Junkers, Walter Rothe, würde zum Bleiben überredet werden können, was aber aus den verschiedensten Gründen finanzieller und administrativer Art nicht möglich war. Und der Partner Bond hatte nicht damit gerechnet, daß Taylor keinen Penny besaß und alle Hoffnungen auf ihm lagen. Der Expilot hatte über zehn Jahre lang keine Maschine mehr geflogen und mußte jetzt seine Lizenz erneuern lassen, damit es überhaupt jemanden gab, der die „Lady Lettie“ kommerziell nützte. Bond war wütend, schaffte es aber, die W 33 sauber von Salamaua nach Wau zu steuern, wo die Firma ihren Hauptsitz hatte. Da meldete sich der ausgeschiedene Partner Les Ross wieder. Er wurde von Taylor und Bond aufgenommen, und zumindest das fliegerische Problem schien damit erst einmal gelöst.

Doch die inzwischen auf den schönen Namen „Lady Lettie“ getaufte W 33 entpuppte sich als Fehlinvestition. Sie war eine Supermaschine – aber eben nicht so leistungsfähig wie die W 34 der „Guinea Airways“. Denn obwohl die W 33 auf ihren ersten sechs Flügen aus den Bergen nach Wau 3175 kg transportierte, machte die Firma kaum Profit, da sich die Unkosten für ein Pfund Nutzlast auf sechs Penny beliefen – bei sechs Flügen also auf 3500 britische Pfund Sterling oder rund 23 000 Mark pro Flug.

Ein bißchen verdienten die drei Partner immerhin dabei, doch sie verloren ihre schöne „Lady Lettie“. Wegen finanzieller Schwierigkeiten wurde sie im August 1930 gepfändet. Das bedeutete das Aus für die Firma Taylor, Bond & Ross. Die Company erklärte ihren Bankrott, und die „Lady Lettie“ wurde in einer Ecke des Flugplatzes von Wau geparkt.

Ein wenig später kaufte sie ein Pilot, der eben eine Fluggesellschaft mit dem Namen „Pacific Aerial Transport Limited“ (PAT) gegründet hatte. Sein Name: Ray Parer. Er muß ein guter Pilot gewesen sein, denn als im Oktober 1932 in 650 Meter Höhe der Motor ausfiel, segelte Parer die W 33 noch bis zur Piste in Salamaua. Zwei Wochen später allerdings hatte der Pilot weniger Glück: Beim Start in Wau drehte die „Lady Lettie“ einen Looping, geriet außer Kontrolle und krachte mit

50 km/h in den Hangar der PAT. Wieder kletterte Parer unverletzt heraus, aber von seiner Maschine blieb kaum mehr als Schrott übrig.

Drei Jahre dauerte es, bis alle Ersatzteile in Neuguinea eingetroffen waren und die W 33 wieder hätte starten können, doch inzwischen war die PAT in finanzielle Schwierigkeiten gekommen und konnte sich die Maschine nicht mehr leisten. Schlimmer noch: Parer hatte nicht aufgepaßt und die Bescheinigung der Flugtauglichkeit der „Lady Lettie" nicht erneuert. Die Maschine hatte sozusagen den TÜV verpaßt und durfte nicht mehr fliegen. Ende der offiziellen Fluggeschichte nach sieben Jahren und drei Monaten treuer Dienste.

Und doch nicht ganz, denn aus dem Goldtransporter wurde ein Vogel Gottes. Ende der 30er Jahre begann die Missionierung Neuguineas im großen Stil. Und auch die Verbreitung des Christentums war nur möglich mit Maschinen, die die Missionare beweglich machten. Unsere „Lady Lettie" jedenfalls wurde von der „Eastern New Guinea Mission" in Alexishafen gekauft und dorthin geflogen – um nie wieder auch nur eine Minute lang in der Luft zu sein! Die „Lady Lettie" – sic transit gloria mundi – wurde als Ersatzteillager für die Junkers F 13 zweckentfremdet, die von den Patres auch noch unterhalten wurde und für die Missionsarbeit viel praktischer war. Wann immer etwas zu Bruch ging in der F 13, mußte die alte Dame mit einem Körperteil herhalten. Schon wenige Monate später war die W 33 nicht mehr flugtauglich.

Als ich sie zum ersten Mal im Gemüsegarten der Missionsstation sah, da fehlten ihr die Flügelenden, der Motor und der Propeller. Aber der Rest war gut in Schuß, die gut fünfzig Jahre waren an der Lady bemerkenswert still vorübergegangen. Der

Rost hatte sie verschont. Natürlich fehlte das Glas der Fenster, aber sie wirkte, als brauche man nur ein paar Mark und ein paar Arbeitsstunden hineinzustecken – und schon könnte sie wieder fliegen.

Wunderlich eckig ist dieser Typ Flugzeug, eckiger jedenfalls, als sie auf den alten Fotos und schematischen Darstellungen aussieht. Von der linken Seite aus betrachtet, wirkte sie wie eine etwas verrückte Blumenschale, denn in der Höhle des Flügels wuchsen Blumen, aus dem Cockpit kletterte eine Art Efeu, und die Teakbäume hatten den Rumpf erreicht, so daß die „Lady Lettie" den Eindruck erweckte, sie liege in einem grünen Nest.

Bei meinem letzten Besuch in Alexishafen hatte ich mich nach der „Lady Lettie" erkundigt. Aber mein kleiner Führer Moses wußte nicht, was mit ihr geschehen war, versprach jedoch, es herauszufinden. Die Auskunft, die ihm die Missionare gaben, war unbefriedigend und – wie sich später herausstellte – auch falsch.

„Die Australier haben sie geholt", sagte Moses. „Die ist jetzt in Australien."

Es ist amüsant, mit Einheimischen über Flugzeugwracks zu reden, und Moses machte da keine Ausnahme. Für Moses sind Flugzeuge „Balus", was soviel bedeutet wie „Tauben". Ein Wrack ist jedoch keine tote Taube, sondern „Samting belong Dim-Dim" – etwas, das dem weißen Mann gehört, oder noch kürzer: „Taim bifor" – etwas von gestern. Was eine wunderbar einleuchtende Darstellungsweise ist!

Aber wann haben die Australier die „Lady Lettie" geholt? Moses weiß das genau: „Gestern." Alles ist gestern, was nicht heute und morgen ist. Das kann vor ein paar Jahren oder

Mein kleiner Führer Moses

tatsächlich gestern gewesen sein. Und daß Australier das Wrack abgeschleppt haben sollen, bedeutet im modernen Sprachgebrauch lediglich, daß es keine Einheimischen waren. Zumal alles in Australien landet, was in Neuguinea spurlos verschwindet – glauben die Papuas.

Die Wahrheit liegt, wie immer, in der Mitte. Es war tatsächlich ein Australier, der die „Lady Lettie" abschleppte. Bruce Hoy heißt er und ist Kurator der Abteilung „Moderne Geschichte" des Nationalmuseums in Port Moresby. Diese Spezial-Ausstellung alter Flugzeuge, Schiffe, Kanonen, Dokumente und allen übrigen Kriegsmaterials von Freund und ehemaligem Feind befindet sich im Stadtteil Gordon, und die „Lady Lettie" wird das Prunkstück werden, wenn sie erst einmal restauriert ist.

Vor kurzem erreichte mich ein Brief von Hoy, den ich in Teilen zitieren will, denn er liefert den Schlußpunkt der Geschichte der „Lady Lettie":

„Im September 1985 wurde die Junkers-Maschine auf dem Landweg von Alexishafen nach Lae gebracht . . . Die Maschine ist Eigentum des Nationalmuseums in Port Moresby. Wir haben uns jedoch entschlossen, sie in Lae zu lassen, wenn sie wiederhergestellt ist, und zwar in unmittelbarer Nähe des heutigen Flughafens. Die Restaurierung wird keineswegs einfach sein, und vielleicht kann ich auf diesem Wege irgend jemanden in Deutschland für diese wunderbare Maschine interessieren. Denn es wurden zum Beispiel nie die Motoren gefunden, obwohl ich mich dunkel erinnere, mal ein Foto gesehen zu haben, das kurz nach der Wiedereroberung von Alexishafen entstanden war und einen Pratt & Whitney-Motor in einer Kiste neben der W 33 zeigte. Es ist jedoch durchaus möglich, daß dieser Motor neu war und eingebaut werden sollte, um die Maschine wieder zum Fliegen zu bringen. Der Krieg muß dieses Vorhaben der Missionare vereitelt haben.

Wo allerdings der Originalmotor von BMW ist, weiß auch ich nicht. Er ist und bleibt spurlos verschwunden.

Was die Restaurierungsarbeiten betrifft, so stellen sich den Soldaten noch ganz andere Probleme: Die Flügelenden fehlen, und im Moment durchkämmen wir ganz Alexishafen, um sie zu finden. Aber Zweifel sind angebracht, ob sie noch existieren. Mittlerweile fehlt auch der Schwanz, der jahrzehntelang erhalten geblieben war – und so, wenn man es genau nimmt, gibt es von der ‚Lady Lettie' nur noch das Cockpit und den Rumpf zwischen den Flügeln . . ."

Soweit der Brief von Bruce Hoy vom Nationalmuseum in Papua-Neuguinea. Er bedeutet Hoffnung für den Junkers-Veteranen, aber eine herbe Enttäuschung für Dirk Henning Strassl von BMW, der mich auf die Spur der „Lady Lettie" und einer weiteren echten „Tante" im Dschungel gebracht hatte.

Die „Lady Lettie", die zwar eine Junkers ist, aber keine der berühmten „Tanten", ist nicht das einzige deutsche Flugzeug, das Geschichte an den Himmel über Neuguinea schrieb. Hochaufgerichtet und ordentlich geparkt steht eine Junkers 52/3M auf dem gottverlassenen Airstrip von Baiyer River, und damit ist der kleine Ort nördlich von Mount Hagen nicht nur ein Paradies der gefiederten, sondern auch der stählernen Vögel.

Der Baiyer ist ein reißendes Wildwasser, das sich tief in eine Schlucht gegraben und dabei ein weites Tal gebildet hat, durch das heute noch ein anderer Fluß fließt, der Trauna River. Der Ort, der auch Baiyer River heißt, besteht aus ein paar lose verstreuten Häusern und einer Art Zoo, auch wenn er sich „Bird Sanctuary" – Vogelschutzgebiet – nennt. Baiyer River liegt etwa eineinhalb Stunden tief in den Bergen, und die Fahrt dorthin, relativ leicht an einem Nachmittag zu bewältigen, stellt sich in der Praxis doch als eine Art kleines Abenteuer heraus. Denn zwischen Mount Hagen und Baiyer River liegt eine gewaltige Schlucht, und die Straße klebt oft Hunderte von Metern am Hang über dem in der Tiefe rauschenden Fluß.

Busfahrer weigern sich, nach Einbruch der Dunkelheit die Strecke zu fahren, und auch Taxichauffeure sind dazu nur bei hohem Trinkgeld bereit. Denn die Schlucht des Baiyer River ist die Grenze zwischen verschiedenen Stämmen, vor allem der Chimbu und Melpa, die immerhin 60 000 Köpfe zählen.

Aber bei Tag ergeben sich für den Touristen spektakuläre Ausblicke nicht nur in die Schlucht, sondern weit hinaus in die Ebene von Baiyer und darüber hinaus in die Berge der Central Range. Es dürfte nicht viele Orte auf der Welt geben, das Amazonasbecken ausgenommen, wo man auf einen Blick derart viele Grünschattierungen zu sehen bekommt. Die Straße ist nur mit Schotter belegt, und bei Regen bedarf es sehr guter Nerven, um mit Würde die steilen Haarnadelkurven zu bewältigen. Aber die Aussicht hilft über alle Ängste hinweg. Äußerste Vorsicht ist besonders am späten Nachmittag geboten, wenn die Lastwagen und Busse mit gesteigerter Geschwindigkeit nach Mount Hagen zurückrasen, um vor Einbruch der Dunkelheit dort zu sein.

Es ist ein merkwürdiges Völkchen, das hier auf 1200 bis 2100 m Höhe lebt. Und ich garantiere: Selbst wer schon viele eigenartige Friedhöfe und Gräber gesehen hat – zwischen Mt. Hagen und Baiyer River wird selbst noch ein Connaisseur dazulernen. Denn entlang der Straße liegen riesige Mausoleen für im Straßenverkehr verunglückte Melpa, die aus grellbunt bemalten Autoreifen bestehen. Pyramiden aus Autoreifen. Mehrstöckige Gebäude aus profiliertem Gummi. „Fotografieren verboten!“ steht an einem Grab. Beim nächsten drohen sie dem, der das Verbot mißachtet, sogar Prügel an. Weiß, blau, rot, grün, gelb und orange leuchten die Farben auf dem schwarzen Gummi, und ich hatte Mühe, nicht einen entgegenkommenden Wagen zu streifen, als das nächste Melpa-Mausoleum am Autofenster vorbeiglitt.

Melpa ist eher eine Sprache als eine Stammesbezeichnung. Denn Melpa sprechen die Temboka, die Enga, die Mindsch und die Banz. Es sind die Gärtner des Hochlandes, die Wälder mit Feuer roden und Taro, Yams und andere Gemüse anbauen. Erlaubt es der Boden, pflanzen sie sogar Bananen, Zuckerrohr und Kaffee, und da die Märkte von Mount Hagen und Banz so nahe liegen, hat sich das Geld als Basis der Wirtschaft durchgesetzt. Die Melpa tauschen nicht mehr, sie kaufen und verkaufen.

Aber ihre Lebensweise hat sich kaum geändert. Immer noch wohnen Frauen und Männer in getrennten Häusern, und mit den Frauen und Kindern leben die Schweine in den Langhäusern, der kostbarste Schatz der Melpa. Die Männerhäuser sind rund und tragen ein Spitzdach. Da die Melpa als eine der ersten Gruppen von Einheimischen auf die weißen Eindringlinge trafen, gibt es zahlreiche Christen unter ihnen. Sie haben sich von allen Stämmen Neuguineas auch sonst am stärksten dem westlichen Einfluß angepaßt, und fast alle Ladenbesitzer und

Ein Melpa in Festbemalung

Lkw-Fahrer rund um Mount Hagen sind Melpa. Dasselbe gilt für die profitablen Kaffeplantagen, für die die Melpa sich heute bereits Arbeiter aus weniger assimilierten Stämmen des Hochlandes holen.

Ein Melpa in vollem Festornat ist ein überwältigender Anblick: Die Arme und der Oberkörper sind entweder mit rotem Lehm eingerieben oder mit weißem Schlamm gefärbt. Auf dem Kopf sitzt eine Art Dreispitz aus schwarzen Haaren, Gras und Erde. Auf diesem Hut wippt ein bis zu einem Meter hohes Gebilde aus bunten Paradiesvogelfedern in den Farben Blau, Grau, Rot, Schwarz und Türkis. Muschelschalen hängen auf der Brust und vor der Stirn, riesige Federn, Eberzähne oder Holzpflöcke stecken in den Ohren und in der Nase, und ihre häufig langen Bärte haben die Melpa weiß gefärbt, was zu den meist blutrot geschminkten Nasen lustig aussieht. Die Männer wippen in schweren Baumfaserröcken zum Takt ihrer hüfthohen Trommeln, und die Frauen tanzen mit bloßem Oberkörper.

Besonders dekorativ, wenn auch bedrohlich, sehen die Melpa bei Beerdigungen aus, denn dann gehen sie fast nackt und verbergen ihre Körper und Gesichter unter dicken Packungen von hellgelbem Schlamm, der ihnen das Aussehen nicht ganz trockener Denkmäler verschafft. Ein Eindruck, der durch die zwei bis drei Meter langen Speere aus schwarzem Hartholz noch verstärkt wird.

Das „Bird-Sanctuary" liegt ganz hinten im Baiyer-Tal, versteckt in einer Biegung des Trauna-Flusses. Man verläßt die Hauptstraße und fährt über drei abenteuerliche Brücken mitten hinein in einen wunderschönen Dschungel, dessen Stille etwas Besonderes verspricht – und hält! 740 Hektar groß ist dieser Zoo in der Wildnis, dessen Besonderheit Dutzende von Paradiesvögeln sind, der jedoch auch ein Rudel der äußerst scheuen Neuguinea-Wildhunde und ein ganzes Völkchen der putzigen Baumkänguruhs beherbergt.

Baiyer River ist ein Garten Eden nach dem Sündenfall, denn es gibt kaum Menschen. Mutterseelenallein wandre ich von Käfig zu Käfig und zwischen den Freigehegen umher, nehme in der Hitze ein Bad im Trauna und picknicke unter schattigen Bäumen, auf denen plötzlich Paradiesvögel landen, die anscheinend ihre gefangenen Artgenossen besuchen kommen.

Zwanzig Paradiesvogel-Arten werden hier in Gefangenschaft gezüchtet, drei haben sich wild angesiedelt, darunter der äußerst seltene Blaue Paradiesvogel.

Nur manchmal werde ich in meiner Ruhe aufgeschreckt: Ein Dampfer scheint den Trauna-Fluß heraufzukommen. Ganz nahe ist das schwere Tuten seiner Signalpfeife – bis ich entdecke, daß es der Schrei eines Kasuars ist, dieses niedrigen, aber bis zu einem Zentner schweren Laufvogels, der aussieht wie ein Strauß auf kurzen Beinen.

Nachts streifen manchmal Zoologen der Forschungsstation durch das Gelände. Ihre Taschenlampen blitzen im Dunkeln auf, und sie studieren die Lebensgewohnheiten der Zoo- und Dschungelbewohner, die erst nach Sonnenuntergang auf Jagd gehen.

Es gibt in diesem stillen Tal von Neuguinea Vögel, die unecht aussehen. Wie jene juwelengeschmückten kleinen Sänger, die Goldschmiede auf Musikboxen gesetzt haben, auf denen sie zu der Melodie eines mechanischen Instruments den Schnabel auf- und zusperren. Die in Baiyer River arbeitende Zoologin Margaret Mackay hat eines dieser bunten Lebewesen so geschildert: „Der Nachmittag senkt sich, langsam verschwindet die Sonne hinter den Bergen, und ein letzter Strahl fällt in den Wald. Plötzlich ein Aufblitzen von Türkis und hellem Grün, dann ein Streifen Scharlach, und plötzlich fliegt ein kleiner Vogel vor uns her. Es ist ein ‚Blackheaded Pitta', ein ‚Juwelenvogel', wie er auch heißt."

Paradiesvögel sind die schönsten Vögel der Welt – aber im ersten Augenblick eine Enttäuschung. Denn so bunt, so eigenartig gefiedert sie auch sind – man stellt sie sich viel größer vor, als sie dann tatsächlich sind. Dreiundvierzig Arten hat man bisher entdeckt, sieben wurden in den letzten hundert Jahren ausgerottet, aber vierunddreißig Arten gibt es immer noch in Neuguinea.

Der leuchtendgelbe Große Paradiesvogel ist ein beliebtes Fotomotiv

Die Größenbestimmung ist vor allem deshalb schwierig, weil der Körper der Paradiesvögel häufig recht klein ist, während einige seiner Federn eine Länge von fast einem Meter erreichen. Das ist der Fall beim Prinzessin-Stephanie-Paradiesvogel *(Astrapia stephaniae)*, den man wegen seiner Grünfärbung in freier Wildbahn kaum ausmachen kann. Er ist ein Winzling von etwa 20 cm Größe, aber der lange Doppelschwanz flattert 60 cm hinter ihm her!

Der Meyer-Sichelschnabel *(Epimachus meyeri)*, der nur in den schwer zugänglichen Bergen der Central Range zu Hause ist, besitzt einen schwarzen Schwanz, der fünfmal länger ist als sein Körper. Ein weiteres Kennzeichen: sein nach unten gebogener, riesiger Schnabel, mit dem er nicht nur Früchte, sondern auch Frösche aufpickt.

Bekommt man Paradiesvogelfedern in die Hand, weiß man im ersten Moment nicht so recht, was das für Material ist – Federn scheinbar auf keinen Fall. Es sind seidige Konstruktionen, die manchmal wie bunte Gaze wirken, manchmal wie hauchfeine Stickerei, und wie bei vielen Tierarten sind es vor allem die Männchen, die farbig protzen.

Etwa der leuchtend orangegelbe Große Paradiesvogel *(Paradisaea apoda)*, der sich oft und gut fotografieren läßt, weil er so auffällig ist.

Ganz anders der vorher bereits erwähnte Blaue Paradiesvogel *(Paradisaea rudolphi)*, der strahlend violettblaue Paradiesvogel, der nicht nur einen rotlila Schwanz besitzt, sondern außerdem zwei lange Federn, die wie Wimpel herabhängen. Das ist ein seltsamer Geselle, der gern mit dem Kopf nach unten an einem Ast herumturnt, wie der Kaiser-Paradiesvogel *(Paradisaea quilielmi)*. Ihn gibt es nur noch in den Wäldern der Huon-Halbinsel, und keine Art wurde stärker bejagt. Vor allem wegen seiner Größe, aber auch wegen der drei Farben seines Gefieders – ein flauschiges Weiß, ein sattes, metallisch glänzendes Braun und ein giftiges Smaragdgrün.

Der „Kaiser Wilhelm“ ist der stattlichste Paradiesvogel, aber nicht der schönste. Ich mag besonders den Prachtparadiesvogel *(Diphyllodes magnificus)*, einen Winzling mit einem Pelzkragen, blauen Füßen und einem orangefarbenen Federkleid, das gegen den Hals zu in blutiges Rot changiert. Seine Einmaligkeit jedoch ist der Schwanz, aus dem zwei drahtartige Federn so merkwürdig wachsen, daß sie von hinten wie ein gewaltiges „W“ wirken.

Der Raggis Große Paradiesvogel *(Paradisaea raggiana)* ist der Bilderbuch-Paradiesvogel, der am häufigsten Gezeigte, mit seinem altrosa Kleid, das er aufspreizen kann wie eine Nachtklubtänzerin ihre Straußenfederboa. Der Raggis besitzt dazu einen hellblau, gelb und grün gefärbten Kopf und jede Menge von hauchfeinen Schwanzfedern, rosa bis rot, die ihn einhüllen wie ein loser Busch.

Der Raggis hat einen sehr ähnlichen Vetter, den Kleinen Paradiesvogel *(Paradisaea minor)*, nur ist dieser weiß und gelb statt rosa. Der Minor war der erste Paradiesvogel, den je ein europäischer Ornithologe lebend zu Gesicht bekam, René Lesson schrieb damals, 1824, begeistert: „Es war einfach unglaublich – ich wanderte durch den Dschungel, folgte dabei dem Pfad eines Wildschweins, und plötzlich flog ein Kleiner Paradiesvogel in anmutigen Kurven über mich hinweg. Er war wie ein Meteor, der im Flug auch eine leuchtende Spur hinterläßt."

Der Albert-Paradiesvogel *(Pteridophora alberti)* ist ein schöner Wechselvogel, zwar nur 15 cm groß, aber aus seinem Hinterkopf wachsen, wie hellblau belaubte Zweige, zwei bis zu 40 cm lange Federn. Sie sind besonders beliebt bei den Einheimischen. Die Melpas benützen diese schmalen Federn, um damit die Nahtstellen ihres Kopfputzes zu verdecken. Heute ist die Jagd auf die seltenen Vögel strengstens verboten – ebenso wie die Ausfuhr –, aber dem Touristen werden in Neuguinea immer noch ganze Bälge und komplette Gestecke zu Schleuderpreisen von zwanzig und dreißig Mark angeboten. Besonders die Mendi jagen die Vögel unvermindert.

Die sieben bisher ausgestorbenen Arten fielen einer Modetollheit der Kolonialzeit zum Opfer, als die Federn pfundweise

Der Wimpelträger –
ein extravaganter Paradiesvogel

nach Europa geschafft wurden, um Hüte und Abendkleider zu schmücken. Dabei rätselte man lange, ob Paradiesvögel überhaupt Beine hatten. Man vermutete, daß sie eine geheimnisvolle Kraftquelle kannten, die sie ständig in der Luft hielt. Der Grund für diese Fehleinschätzung: Die ersten Bälge erreichten Europa ohne Klauen.

Paradiesvögel sind unruhige Tiere, die ständig vorsichtig durchs Laub spähen. Dennoch sind sie nicht sparsam mit ihren Lauten, sie schreien, krächzen und pfeifen. In Baiyer River entdecke ich einen Baum voller Blüten – und plötzlich stelle ich fest, daß sich dort eine ganze Kolonie von Raggis eingenistet hat, die wippen und springen, sich auf der Stelle drehen und zu tanzen scheinen. Aufgeplustert sehen die Raggis übrigens hühnergroß aus, im Normalzustand schrumpft ihr Balg dann optisch auf die Größe eines Stars mit buschigem Federschwanz zusammen.

Für einen Tag verlasse ich das organisierte Vogelparadies am Baiyer River und verbringe eine Nacht in der einfachen Lodge des Zoos. Ein gut beschilderter Naturpfad führt mich aus dem Trauna-Tal hinaus in die Jimi Ridge. Dort auf knapp 2000 m Höhe erlebe ich Paradiesvögel in ihrem natürlichen Umfeld „live". Es ist ein leichter Marsch dort hinauf, eine Art neuguineischer Bergwanderung durch eine tropische Alm-Landschaft, und neben den seltenen Vögeln belohnt mich die Aussicht auf das Flußtal, die hohen Berge dahinter und zurück, in Richtung Mount Hagen, auf die Schlucht des Baiyer-Flusses, die so tief einschneidet, als sei die Erde aufgerissen.

Die „Tante“ im Dschungel

Fast vergesse ich, weswegen ich eigentlich nach Baiyer River gekommen bin. Nicht der Paradiesvögel wegen, die sind schmückendes Beiwerk auf meiner Suche nach den seltenen Wracks, den toten Metallvögeln der Geschichte. Hier im Tal steht eine JU 52/3m, eine echte „Tante“ aus Bremen, wie man die berühmten Flugzeuge nannte.

Das Wrack steht auf einem kleinen Plateau nicht weit vom Vogelparadies und diente nicht dem Krieg. Sie flog bis Mitte der 60er Jahre Passagiere und Fracht für die „Gibbes Sepik Airways“ und dürfte dadurch mit ihren mehr als 30 Dienstjahren auf dem Buckel eine der ältesten, noch ständig im Einsatz stehenden Maschinen gewesen sein.

Im Nebel verpaßte der australische Pilot eines Tages die mit Gras bewachsene Landebahn im Baiyer-Tal und mußte in einem riskanten Manöver, das ihm jedoch vorzüglich gelang, neben der Piste notlanden. Das war das Ende des deutschen Riesen, denn dadurch, daß sich der Pilot verflogen hatte, wurde plötzlich klar, wie sehr sich die JU 52/3m selbst verirrt hatte – in eine Zeit ohne Ersatzteile, Nachschub und Mechaniker, die diesen Typ reparieren konnten.

Technisch gesehen, hätte man den Veteranen problemlos wieder flottbekommen können. Auch die Motoren und Propeller waren in Ordnung, aber das Fahrwerk, auf den Stolperpisten von Neuguinea sowieso der größten Belastung ausgesetzt, war lädiert, und der Bauch der „Tante“ hätte erneuert werden müssen, da die Notlandung Risse und Dellen hervorgerufen hatte. Um die JU 52 wieder in die Luft zu bekommen, hätte man die Ersatzteile in Australien nach alten Vorlagen schmieden müssen – und das war der „Gibbes Sepik Airways" zuviel Aufwand. So schob man den kranken Vogel einfach an den Rand der Piste, baute aus, was noch verwendbar erschien für die anderen Maschinen der Gesellschaft, verschloß die hinter den Flügeln liegenden Türen und ließ sie einfach stehen, als unfreiwilliges und stolzes Denkmal.

Zwanzig Jahre wartet die JU 52/3m nun schon in diesem Hochtal der Insel und scheint unverwüstlich, unsterblich. Ich klettere auf die Finne und kann den schwarzweiß karierten Schachbrettschwanz immer noch leicht mit zwei Händen bewegen. Die Junkers ist ein komplettes, vermutlich sogar noch funktionstüchtiges Flugzeug, auch wenn die Motoren, die Propeller, die Funkausrüstung und die Cockpit-Instrumente fehlen. Dafür ist noch Glas in den Fenstern, und ich kann Gitterkäfige erkennen, die zum Schutz gegen Vögel und andere fliegende Störenfriede um die Propeller gebaut worden waren.

Das Denkmal deutscher Fluggeschichte steht am Baiyer-Fluß wie ein Segelflugzeug, das auf den nächsten Schlepper wartet, und sollte es jemandem einfallen, diese JU 52/3m endlich bergen zu wollen, um ihr den gebührenden Platz in einem Museum zu verschaffen – eine schönere bekommt er so schnell nicht!

Hier die Daten dieser wohl berühmtesten Maschine der Welt, deren Tauglichkeit nur noch am Erfolg der DC-3 gemessen werden kann: Spannweite 29,95 m; Länge 18,9 m; Höhe 5,53 m; 9500 kg Gewicht; Geschwindigkeit 255 km/h; maximale Höhe 5900 m; Passagiere: vier; Motoren: 3 Neunzylinder zu je 730 PS. Das Originalkennzeichen – immer noch gut lesbar –: VH-BUU.

Die Motoren fehlen also. Laut Handbuch hätten es BMW-Maschinen (132 A-3, 536,9 kW – r9-Zyl., a.c.) sein müssen. Aber auch wenn sie noch dran wären, hätte ich den Münchnern nicht helfen können. Denn diese JU 52/3m flog schon seit Jahren mit R-1830-Motoren des britischen Herstellers Pratt & Whitney. Und die sind heute ebenso spurlos verschwunden wie die BMW-Motoren, mit denen die Junkers geliefert worden war.

Ein hellgrüner Schimmer liegt über dem Wrack. Das satte Gras, in dem die Maschine parkt, mag sich widerspiegeln, vielleicht hat der Veteran auch ein wenig Moos angesetzt. Eine Spiegelung von den Bergen um die JU 52 herum kann es nicht sein, denn die verändern ihre Farbe je nach Sonnenstand, und zwar von Hellgrün bis zu Blauviolett.

Ich bin zufrieden. Für mich hat es sich in jeder Hinsicht mehr als gelohnt, im Tal der Paradiesvögel den großen deutschen Wellblech-Bird zu besichtigen – den *aviatrix-novaguinensis junkeri,* der sogar noch seltener ist als ein *Paradisaea apoda* oder ein *Ptilores magnifici.*

Der letzte Flug des Admirals Yamamoto

Auch mein nächstes Ziel war mal deutsch, und zwar die am weitesten vom Mutterland entfernte Kolonie: Bougainville. Es ist mehr dem Zufall als der Historie zu verdanken, daß diese große Salomoneninsel heute zu Papua-Neuguinea gehört. Daß sie für Wracksammler interessant ist, liegt aber an den Japanern, die hier eine der geheimnisvollsten, strategisch bedeutsamsten Maschinen des Zweiten Weltkriegs verloren...

Es ist ein langer Flug von der Hauptstadt Port Moresby nach Buin, der „Metropole" von Bougainville, ein gewaltiger Sprung in total andere klimatische Bedingungen und völlig verschiedene ethnische Umstände. Ich fliege vom kalten Hochland tief hinein in die Hitze der Südsee, und der Flug mit der „Air Niugini" wirkt, als würde man mit dem Finger über eine Luftaufnahme fahren.

Da taucht zuerst die Insel New Britain auf, das ehemalige deutsche Neu-Pommern, mit der immer noch teutonisch wirkenden Hauptstadt Rabaul. Dann folgt der St.-George-Kanal zwischen New Britain und der nächsten Insel, New Ireland (dem alten Neu-Mecklenburg), und plötzlich fliegen wir über die offene See. Deren Farben changieren je nach Intensität und Einfall des Sonnenlichts zwischen fast weißem Grüntürkis und grasgrünem Smaragd, bis plötzlich ein tintenblauer, ins tiefste Schwarz übergehender Streifen sichtbar wird, der genauso tief ist, wie die Maschine hoch fliegt. Es ist die „Planettiefe“ im Neubritannien-Graben, ein Loch in der Salomonen-See, das bis zu 9140 m abfällt.

Nach rund drei Stunden Flug taucht die Insel Bougainville am Horizont auf, ein Fleck Erde mitten im Wasser, das ein Ventil ist für die ungebändigten Kräfte der Erde. Denn auf Bougainville gibt es – neben dichten Urwäldern und sandigen Buchten – zwei tätige Vulkane.

Hier endete das Leben des japanischen Admirals, der den schrecklichen Überfall auf Pearl Harbor geplant und durchgeführt hatte. Ich folge dem letzten Flug dieses Mannes, der von seinen Feinden zu Tode gejagt worden ist.

Als die Japaner am 7. Dezember 1941, einem Sonntag, um 7 Uhr morgens Ortszeit, den amerikanischen Flottenstützpunkt Pearl Harbor auf Hawaii überfielen, leisteten sie sich eines der schwersten Vergehen gegen internationales Völkerrecht: Ohne Kriegserklärung oder sonstige Vorwarnung versenkten oder zerstörten sie 19 Schiffe und töteten 2729 Soldaten. Einen Tag später erklärten die USA Japan den Krieg.

Der Mann, der den verbrecherischen Überfall geplant hatte, hieß Isoroku Yamamoto, war damals 57 Jahre alt und Kommandeur der 1. Flotte. Ein dicklicher kleiner Herr mit kahlgeschorenem Kopf, fast ohne Hals, mit klugen Augen und leicht aufgeworfenen Lippen in Herzform.

Von dem Tag an, an dem Yamamoto Pearl Harbor bombardieren ließ, wurde er von den Amerikanern gejagt. „Rache“ schrieben die Piloten der US Air Force auf ihre Maschinen, doch fast zweieinhalb Jahre lang entkam ihnen der japanische Admiral. Bis zum 18. April 1943, als sie ihn am Himmel über den Salomonen-Inseln erwischten. Yamamoto starb im

Admiral Isoroku Yamamoto

Dschungel der Insel Bougainville „den Tod der tausend Tode", wie die Einheimischen sagen.

Der Urwald hier sieht nur von außen furchterregend aus. Von innen wirkt er wie ein schützender Mantel, eine graue Hülle, in die der Mensch kriecht und sich sicher fühlt. Der Dschungel hier ist angenehm, licht und kühl. Es gibt kaum Unterholz. Still wird er durch das laute Auftreten der hier nicht hingehörenden Wesen auf zwei Beinen. Und jeder Baumriese hat sich rund um seinen Stamm einen Freiraum geschaffen, in dem die Pfade von Mensch und Tier verlaufen. Die Sonne wirft verwirrende Schattenspiele auf den weichen, oft knietief mit Laub bedeckten Boden, so daß der ungeübte Fuß oft ins Stolpern gerät. Doch plötzlich entdecke ich ein buntes Blatt, in dem sich Wassertropfen trinkbereit gefangen haben, und Blüten des Flamboyant-Baumes leuchten wie rote Kerzen am grünen Himmel.

Im Urwald von Bougainville ist von Tieren kaum etwas zu sehen. Nur abends, zwischen 17 und 18 Uhr, wenn die Malaria-Moskitos schwärmen, sollte man nicht unterwegs sein oder zumindest lange Hosen und Hemden mit heruntergekrempelten Ärmeln tragen. Giftschlangen mögen den Dschungel nicht, weil er so offen und ohne Verstecke ist, und nur sehr selten sieht man eine Python im Halbschatten eines Baumes verschwinden – eine Attraktion eher als eine Bedrohung. Bleiben die Blutegel, die hungrigen Plagegeister der kleinen Breitengrade, aber nur während und kurz nach der Regenzeit. Am besten läßt man sie einfach saugen, bis sie gesättigt von selbst abfallen, als Form friedlicher Koexistenz.

Das grüne Dickicht des Urwalds im südlichen Bougainville wurde zum Verhängnis für jenen Admiral Isoroku Yamamoto. Jahrelang wußte niemand außer ein paar Experten genau, wo das Wrack der Maschine lag, in der er abgeschossen worden war. Nicht einmal die Namen der mit ihm Gefallenen waren bekannt, ganz zu schweigen von den Details ihrer Ausrüstung.

Der Tod des „Monsters von Pearl Harbor" war geheime Kommandosache, und noch heute stehen die Einheimischen jedem Eindringling feindselig gegenüber und führen ihn, wenn er nicht aufpaßt, in die Irre. Dabei ist die Absturzstelle des

Admirals längst zu einem geheiligten Schrein für japanische Veteranen geworden, zu einem Ort der Besinnung für die Angehörigen der zehn Mann an Bord.

18. April 1943: Eine Mitsubishi G4M1 startet in Rabaul auf der Insel New Britain. Kurs: Südost. Ihr Ziel: das Flugfeld von Kihili im Süden von Bougainville. Aber die Amerikaner haben längst den geheimen Funkcode der japanischen Marine geknackt. Sie wissen, daß der verhaßte, seit Jahren gejagte Yamamoto in der Maschine sitzt, die von den Alliierten mit dem Spitznamen „Betty" belegt wurde.

Ein Geschwader Lockheed „Lightnings" (Abkürzung P-38) steigt von Guadalcanal auf und schießt die fliegende Festung Yamamotos über der südlichen Spitze von Bougainville, dem Moila Point, ab. Schwer beschädigt zieht der Bomber eine tiefe Schleife und verschwindet im Urwald nahe der Straße zwischen Buin und Matukoli.

Die Mitsubishi G4M1, japanische Kriegsnummer T 1-323, ist das begehrteste Stück unter „Wrack-Sammlern" im Pazifik, und auch ich möchte sie sehen. Ich fahre die schmale Straße entlang, die rund um das gewaltige Massiv des 2207 m hohen Mt. Taraka führt, und biege nach 24 km rechts ab ins Dorf Aku, das an einem bewaldeten Abhang liegt.

Das ist „Tiger Country", wie es in Indien heißt. Urwald mit zu Plantagen gerodeten Lichtungen. Kleine Bäche stürzen in Schluchten vom Berg und erweitern sich zu Sümpfen. Wer hier hoch genug steigt, kann im Norden die Rauchfahnen des Vulkans Bagana sehen. Starker Regenfall – bis zu sieben Meter pro Jahr – hat Bougainville eine üppige Vegetation beschert. Hier wächst sogar Kakao.

In Aku komme ich allein nicht weiter. Hier beginnt der dichte Dschungel, der das Wrack versteckt. Ohne Führer ist man hier verloren – aber der Dorfchef zögert.

„Was willst du bei dem Flugzeug?" fragt er.

„Es nur besichtigen. Nichts mitnehmen, nichts dalassen. Ich sammle diese Wracks, indem ich sie besichtige."

Das kann er nicht verstehen. „Es fliegt doch nicht mehr", sagt er und schüttelt den Kopf. „Meinst du, du findest noch was?"

„Ich möchte nur sehen, wie die Maschine im Dschungel liegt."

Tomu, so heißt der Häuptling, hebt abwehrend die Hand. „Es ist nicht gut, den Frieden der Toten zu stören, Fremder. Bist du denn Japaner?"

Ich verneine und denke insgeheim, daß er das eigentlich sehen müßte.

„Was hast du dann mit den Toten zu schaffen? Weißt du nicht, daß ihre Seelen in Frieden gelassen werden wollen? Fürchtest du nicht ihren Zorn?"

Wieder verneine ich, versuche ihm aber meine Gründe auf plastischere Art zu erklären: „Der Mensch hat die Flugmaschinen erfunden, um zu fliegen wie Vögel. Und er hat sie mißbraucht und Kriegswerkzeug aus ihnen gemacht. Ich möchte sehen, wie der Admiral starb in seiner Maschine."

Tomu versinkt in Schweigen. Dann verkündet er: „Gut, du kannst gehen. Er wird dich führen." Der Häuptling winkt einen jungen Mann heran. Er heißt Mike, und man sieht ihm an, daß er sich unwohl fühlt. Vor allem, als Tomu uns mit einer nochmaligen Warnung entläßt: „Es ist nicht gut, die Ruhe der Toten zu stören."

Im Laufe des Nachmittags merke ich, daß es tatsächlich Angst ist, die Tomu zögern läßt. Die Angst vor den Geistern der zehn gefallenen Japaner, die sich in der Mitsubishi befanden. Aber auch ein wenig die Habgier.

Würde ein Opfer sie besänftigen, zumindest das Dorf beruhigen? frage ich. Tomu nickt und flüstert dem blinden Zauberer Losotai etwas zu.

„100 Kina", meint Mike, der Führer. Aber 100 Kina sind fast 250 Mark – ein unverschämter Preis, den ich nicht zahlen werde. Gespielt wütend packe ich meine Umhängetasche und tue so, als wolle ich das Dorf verlassen, bis Tomu „50 Kina" ruft, immer noch 125 Mark. Bei zehn Kina einigen wir uns schließlich. Losotai wird die Geister beschwören, er wird Bier opfern auf dem Altar seiner eigenen Kehle und den Pfad vom Wrack zum Dorf mit Zweigen peitschen lassen, damit die Geister abgeschreckt werden.

Die Angst meines Führers wird dadurch nicht kleiner, denn wie sich später herausstellt, kennt er die Wrackstelle nur vom Hörensagen, war selbst nie dort. Und vor den Geistern fürchtet er sich weit mehr als Tomu oder Losotai. Aber zumindest können wir erst einmal losmarschieren. Ich fülle meine Wasserflasche am Bach, und Mike schenkt mir eine halbgare, mehlige Yamsknolle als Tagesration.

Es ist kein einfacher Weg durch diesen Dschungel am Berghang. Es ist rutschig und geht ständig auf und ab. Der Mt. Taraka hat tiefe Falten in das Südende von Bougainville geschlagen, und auf der erkalteten Lavaasche wächst der Urwald intensiver als anderswo. Laut Höhenmesser verläuft der kaum erkennbare Pfad in etwa 200 m Höhe, was uns die Kühle einer Brise verschafft. Doch die Stille des Dschungels

Regenwald – verhangen im Regen, wie der Name schon sagt

wird unheimlich durch das Rascheln der Blätter im Wind. Oft klingt es, als reibe sich jemand seine trockenen Handflächen, bis ich entdecke, daß es Palmblätter sind, die aneinander schaben.

Ich sehe mehr Schmetterlinge als Vögel, und einige sind so groß wie zwei Männerhände. Besonders zwei Exemplare fallen mir auf: schwarz und leuchtend violett, und rostrot mit weißen Zeichnungen. Beim violetten Falter ist der Leib strahlend gelb, beim rostroten weiß mit braunen Dreiecken. Später lerne ich, daß ich ein Männchen und ein Weibchen der Gattung *ornithoptera priamus urvillianus Guerin* gesehen habe, den Paradiesvogel unter den Schmetterlingen.

Ich trage lange Buschhosen, die ich in halbhohe Stiefel gestopft habe, und ein langärmeliges Hemd. Ein Hut schützt mich vor der Sonne, aber ich packe ihn bald ein, denn niedrig hängende Äste schlagen ihn mir immer wieder vom Kopf. Dschungel-Trekking ist eben nichts für Menschen über eins neunzig. Es hat seinen Grund, daß Pygmäen so klein geraten sind. Doch eine alte Erfahrung bewährt sich einmal wieder: Urwaldwanderungen am Berghang sind sehr viel weniger zehrend als Touren in der Ebene, weil man am Hang immer mal wieder einen Blick ins Tal aufschnappt – Balsam für Seele und Augen.

Zweieinhalb Stunden dauert unser Marsch bereits. Mike beruhigt vor allem sich selbst, wenn er immer wieder versichert, daß wir bald da sind. Ich weiß, daß wir mindestens vier Stunden unterwegs sein werden, und bin noch gelassen. Doch plötzlich scheint es nicht mehr weiterzugehen. Wir stehen am Ufer eines nicht einmal breiten Flusses, der aber zu tief ist, um ihn zu durchwaten, und zu reißend, um ihn schwimmend zu bewältigen. Es ist ein wild schäumender Gebirgsbach, und einen Moment lang vermute ich, Tomu habe mich absichtlich in die Irre führen lassen, so wie er das schon früher mit australischen und japanischen Besuchern getan hat.

Aber Mike rollt einen der dicken Stämme, die geschnitten und geschält am Ufer liegen, quer in die Strömung, greift sich eine lange, ebenfalls bereitliegende Stange, springt auf den Stamm und stakt sich blitzschnell durch den Bach. Ich muß ihm folgen, was bleibt mir anderes übrig? Ich rolle den nächsten Stamm ins Wasser und balanciere hinüber. Gefährlich schwankend zwar, denn der Stamm rotiert in der Strömung um die eigene Achse, aber ich erreiche trocken das andere Ufer. Sorgfältig ziehen wir unsere „Boote“ an Land für den Rückweg.

Insgesamt drei Flüsse müssen wir queren, einen zweiten auch auf Stämmen, den dritten zu Fuß. Bis zur Hüfte reicht uns das Wasser. Wir transportieren Schuhe und Hosen auf dem Kopf. Aber der Fluß ist erfrischend, und gestärkt wie nach einer kalten Dusche marschieren wir weiter.

Ich denke über das „Monster von Pearl Harbor“ nach. Es ist die Tragik des meisterhaften Strategen Yamamoto, daß er den Krieg mit den USA gar nicht wollte und immer davor gewarnt hatte, sich auf einen Kampf gegen den ökonomischen und militärischen Riesen Amerika einzulassen. Er wurde im Generalstab überstimmt. Ihm blieb nur die Flucht nach vorne – und der perfide Plan zum Überfall auf Pearl Harbor im Frieden. Denn wenn die Japaner so tollkühn waren, Uncle Sam angreifen zu wollen, dann hatten sie nur dann eine Chance, wenn seine Pazifikflotte zerstört wurde, bevor sie überhaupt auslaufen konnte. Nur dann, so argumentierte Admiral Yamamoto, konnte Japan siegen.

Eine Rechnung, die fast aufgegangen wäre. Aber nur fast, denn einige ihrer größten Schiffe hatten die Amerikaner zum Wochenende auf Manöver in den Pazifik geschickt. Sie entkamen dem Angriff Yamamotos – und hatten später wesentlichen Anteil an der Niederlage Japans.

Wracks zu finden ist über vierzig Jahre nach ihrer Bruchlandung selbst dann schwierig, wenn man direkt vor ihnen steht.

Tropische Vegetation hat sie unsichtbar werden lassen, überwuchert, durchwachsen. Metall ist rostig geworden und bildet zusammen mit dem Grün des Dschungels und den Farbtönen der Bemalung eine perfekte Camouflage. Was aussieht wie ein dicker Baumstamm am Boden, könnte der Rumpf einer Maschine sein. Wir strengen unsere Augen an, aber noch entdecken wir nichts, und ich kann mich weiter meinen Gedanken überlassen.

Yamamoto starb in seiner riesigen, moosgrün und rotbraun gestrichenen zigarrenähnlichen Maschine von 20 m Länge, 6 m Breite und 25 m Spannweite. Schnauze, Cockpit, Kanzel, Heck und Seitenausgucke waren verglast – die „Betty"-Insassen hatten nach allen Seiten ziemlich freie Sicht. Heute ist das Glas längst gesplittert, herausgefallen, verschwunden. Durch die leeren Fenster krieche ich beklommen ins Innere des Wracks, gefolgt vom fahlgrünen Licht des Dschungels, das auf mich wirkt wie das gedämpfte Licht einer Bestattungshalle.

Die „Bettys" waren gefürchtet wegen ihrer Größe und demzufolge ihrer Bombenlast von fast einer Tonne, die sie neben einer Bordkanone und vier Maschinengewehren tragen konnten. Zwei Motoren von je 1530 PS machten die Mitsubishis 428 km/h schnell, sie konnten in 8840 m Höhe operieren und besaßen eine Reichweite von 6030 km – das ist die Entfernung von Hamburg nach Addis Abeba. Aber es waren Bomber, keine Jäger, und deshalb schlecht bewaffnet, zumindest nicht besser als die viel wendigeren, schnelleren Lockheed „Lightnings", die Admiral Yamamoto zum Verhängnis werden sollten.

☆

Zuerst erahnen wir das Wrack nur: Ein weiß gestrichener Pfahl mit schwarzen Zeichen in Pinselschrift steckt im Boden, daneben liegt ein bunter Strauß aus unverwelkbaren Plastikblumen – ein Gruß aus Japan für die toten Helden. Vorsichtig schleicht Mike durch einen mannshohen Farnbusch und biegt die Fächer zurück – und da liegt sie!

T 1-323. Der stählerne Sarg des Oberkommandierenden, zu Tode gejagt für das, was er in Pearl Harbor angerichtet hatte: 2729 Tote an einem einzigen friedlichen Sonntagmorgen! Wie ein im Urwald gestrandeter Wal sieht die Mitsubishi G4M1 aus. Noch immer ragt die Finne hoch auf, durchlöchert zwar und verrostet, aber bedrohlich wie die Schwanzflosse eines Hais. Ein Flügel des Bombers ist abgerissen. Ich finde ihn hundert Meter tief im Dschungel, noch immer gekennzeichnet mit dem roten Sonnenball Nippons. Der Rumpf ist verworfen, wie durch ein Erdbeben. Wie ein schlankes „S" sieht er aus, hat Dellen und Risse, Narben von fallenden Bäumen und gierigen Menschen.

Wie ich die Maschine so liegen sehe, glaube ich nicht, daß ich in sie hineingehen kann, zu tief hat der Urwaldboden den Rumpf bereits geschluckt. Aber die früher verglaste Nase klafft, ich kann fast aufrecht in sie hineingehen. Die Kanten sind blankgewetzt, und im Innern herrscht die Stille einer Ruine.

Die „Betty" Yamamotos liegt leicht schräg, umgekippt auf der Seite des abgerissenen Flügels, und später berichtet mir Tomu, der Häuptling, daß seine Leute Wrackteile verstreut über mehr als einen Quadratkilometer gefunden hatten. Ein Wunder, wie unbeschädigt die Mitsubishi noch ist, wenn sie derart heftig vom Himmel in den Dschungel fiel.

Ein stahlblau schimmerndes Laufgitter, eine Art waagerechter Treppe mit engen Sprossen, führt von der Schnauze ins Heck, die Außenhaut wird nur noch von den kahlen Wanten gehalten – und man merkt, wie hier ausgeschlachtet wurde. Da waren Termiten am Werk, Insekten und Menschen. Nicht ein Zentimeter Kabel ist geblieben, die Motoren fehlen, die Propeller, das Buntmetall, alle Insignien, Sitze, Waffen, Lederteile und Instrumente. Es ist schwer festzustellen nach vierundvierzig Jahren, was Einheimische, was Sammler, Souvenirjäger und Schrotthändler davonschleppten, oder was die Natur zerstörte durch Regen und Hitze, Buschfeuer und Überschwemmungen.

Japaner haben Dutzende von weißen Pfählen mit Trauerbotschaften eingepflanzt und Kunstblumen gestreut. Es sind Grüße aus der Heimat, die weiter im Norden liegt, als die Reichweite einer „Betty" gewesen war.

Mike zupft mich verstohlen am Hemd. „Gehen wir", sagt er. „Du hast alles gesehen. Nicht gut, zu lange zu bleiben ..." Immerhin barg die Maschine zehn Menschen, als sie abstürzte – für Mike zehn Geister zuviel.

Selten wird einem die Sinnlosigkeit von Kriegen so klar wie an einer solchen abgeschossenen Festung. Lange könnte ich sitzen, in den Dschungel lauschen und sinnieren. Aber Mike drängt ängstlich, und da der Tag sich zu neigen beginnt, machen wir uns auf den Rückmarsch. Vier Stunden und drei Flüsse liegen vor uns, zwei davon sind wieder auf wackligen Baumstämmen zu überqueren.

Es gibt noch eine merkwürdige, nie geklärte Fußnote zum Tode des verhaßten Japaners. Es heißt, daß die Information über Yamamotos Flug von Rabaul nach Kihili von den Amerikanern nicht zufällig aufgefangen worden sei, sondern ihnen zugespielt wurde! Damit Yamamoto abgeschossen werden konnte – und die Japaner dann sagen konnten, er sei ehrenvoll im Kampf ums Kaiserreich gefallen. Denn nach Pearl Harbor hatte der Admiral den Angriff auf die Midway-Inseln geplant und durchgeführt – und hatte in einer vernichtenden Niederlage sein „Gesicht verloren", wie man in Japan sagt. Isoroku Yamamoto war im Jahr 1943 zu einer Belastung für sein Land geworden... Verrat oder nicht – nach dem Abschuß wurde seine Leiche nach Japan überführt, der Admiral erhielt ein Heldenbegräbnis mit allen militärischen Ehren.

Der Kurukuru sticht alle

Die Zeiten ändern sich rapide in Papua-Neuguinea. Vor ein paar Jahren habe ich noch auf dem Markt von Mount Hagen Menschen mit Steinäxten über der Schulter gesehen. 1986 gibt's keine Steinäxte mehr. Zumindest gehören sie nicht mehr zur selbstverständlichen Ausrüstung eines Mannes, der in der Stadt oder sonstwo unter Leute geht. Der Regenschirm hat die Waffe abgelöst; die Highlander verteidigen nicht mehr nur ihre Ehre, sondern schützen auch ihr Wohlbefinden. Nur noch ein Abglanz der alten Kämpfernatur ist geblieben. Denn zum Regenschirm tragen einige Krieger moderne Spaten aus dem Supermarkt und ein Gummibändchen um den Hals, das sich bei näherem Hinsehen als Ziehleine einer Steinschleuder entpuppt, deren Holzgriff im hinteren Hemdkragen versteckt ruht.

Und ein Päckchen Spielkarten gehört dazu, alt, speckig und zerfranst. Karten spielen ist die große Leidenschaft in Papua-Neuguinea, und die Männer hängen ihr ebenso nach wie die Frauen. Ein schattiger Baum, mehr als zwei Personen, ein Päckchen Karten – und schon geht's los. Ich habe nie ganz verstanden, was da eigentlich gespielt wird, aber sie spielen um Geld, und die Regeln ähneln frappierend unseren Skat-Bestimmungen beim Farbspiel: Es gibt so etwas wie die Buben, eine Trumpffarbe, und die Höheren stechen die Niedrigen.

Überall wird gespielt. Gelangweilt karteln die Damen von Asaro, während ihre Männer sich mit Schlamm bedecken und für die Touristen als „Mudmen" auftreten. Es mögen zwanzig bis dreißig Grüppchen sein, die am Ende der Runway im Stadtzentrum von Goroka hocken und neben ihrem Blatt auch noch das Kommen und Gehen am Airport mitbekommen. Auf Kiriwina wird am Strand gespielt, und wenn ein Partner fehlt, tut's auch ein Vierjähriger, vorausgesetzt, daß er gelernt hat, die Karten richtig zu halten.

Das Kartenspielen offeriert uns eine überraschende Methode, ein paar der siebenhundert Stämme von Papua-Neuguinea kennenzulernen, denn in Port Moresby gibt es ein wunderschönes Spiel mit zweiunddreißig Karten zu kaufen, bei dem die Buben, Damen und Könige den Kriegern, Frauen und Häuptlingen nachempfunden sind. Das Spiel des australischen Designers Graeme Ross war sofort ausverkauft, und die Herstellerfirma RBA kann sich vor Nachfragen kaum retten. Doch nicht nur die Touristen sind interessiert. Selbst die Papuas und Highlander versuchen noch ein Spiel zu ergattern – und sei es nur, um mit der „eigenen" Karte den Gegner zu stechen!

„Bilong me!" ruft ein Mann aus der südlichen Hochlandprovinz, als ich ihm den Kreuzkönig zeige – er hat sich wiedererkannt, zumindest seinen Stamm.

Ich habe so ein Spiel noch ergattern können und mich bemüht, die zwölf Bildkarten zu identifizieren. Das war nicht immer leicht, denn viele Stämme ähneln sich äußerlich, und andere – vor allem die der neuguineischen Südseeinseln – hat Ross stark stilisiert dargestellt. Es bleibt jedoch ein Kartenspiel, bei dem der Ehtnologe alle Trümpfe in der Hand hat.

Kreuz-Bube: Ein Kurukuru aus der Nähe der im Binnenland versteckten Stadt Marakawa. Die Kurukuru sind der immer noch kriegerischste Stamm von Papua-Neuguinea, und sowohl

J
J

J
J

J
J

J
J

die Regierung als auch die anderen Völker begegnen ihnen mit vorsichtiger Zurückhaltung. Außer ihrem Namen und ihrem Aussehen ist von den Kurukuru kaum etwas bekannt, da sie sich jedem Missionierungsversuch und auch Annäherungen von Forschern verschließen.

Pik-Bube: Ein Biami-Krieger aus dem südlichen Zentral-Neuguinea. Die Biami zählen noch etwa viertausend Menschen und bewohnen festungsartige Hütten, die nachts mit einer Art Zugbrücke verschlossen werden – ein sicheres Zeichen, daß noch in jüngster Zeit blutige Stammesfehden stattfanden. Die stilisierte Kleidung besteht aus gemusterten Rindenstoffen. In der Hand trägt dieser „Bube" eine kurze Keule.

Herz-Bube: Ein junger Mann aus dem Asaro-Tal, das zwischen Goroka und Mount Hagen liegt und vor Fruchtbarkeit strotzt. Es könnte durchaus sein, daß dieser „Dritte Bube" einer jener Krieger ist, die als „Mudmen" für die Touristen tanzen. Die „Schlamm-Männer" stellen neuerdings sehr schöne Skulpturen aus ihrem fast weißen Ton her und verkaufen auch die bis zu fünf Kilo schweren Masken, in denen sie auftreten. Sie zu besuchen ist allerdings nicht mehr die reine Freude, seit sie dazu übergegangen sind, Preislisten in englischer Sprache (nach Anzahl der Tanzenden und Minuten des Auftritts) an ihre Besucher zu verteilen.

Karo-Bube: So schön dieser Krieger auch geschmückt ist, er läßt sich kaum identifizieren, denn dem Männerschmuck sind in Papua-Neuguinea keine Grenzen gesetzt. Die Stammesidentität erstreckt sich nicht auf den persönlichen Sinn für Schönheit, besonders nicht auf dem Kriegspfad oder dem Weg zu einem „Sing-Sing", dem Tanzfest im Freien, an dem oft Tausende von Menschen teilnehmen. Ich halte den Krieger mit dem Eberzahn durch die Nase und der Paradiesvogelschwinge am Ohr für einen Melpa aus den Western Highlands rund um Mount Hagen.

Die Muschelsichel um den Hals und die Perlmutt-Plakette an der Stirn haben übrigens Pate gestanden für die Bezeichnung der Landeswährung. Denn als man in Papua-Neuguinea Geld einführte, war die Überlegung, daß es am besten wäre, die Währung so zu nennen, wie die Naturalienwährung vorher geheißen hatte, nämlich Kina und Toia, und dieses Naturgeld bestand aus Muschelscheiben, -sicheln und -plaketten.

Kreuz-König: Ein Huli aus dem südlichen Hochland. Er trägt eine hutartige Perücke aus gefärbtem Menschenhaar und hat sein Gesicht in dem für diesen stolzen Stamm typischen Design bemalt: gelber Untergrund und sternförmig auf die Oberlippe zulaufende rote Streifen mit weißen Punkten.

Die rote Farbe ist „Tigaso", ein Baumöl, das die Huli sich vom Kutubu-See besorgen, indem sie es gegen andere Waren wie Kaffee oder Betelnüsse eintauschen. Der abgebildete Häuptling ist mit einer stilisierten Steinkeule bewaffnet und trägt um den Hals mehrere Reihen bunter Perlenketten. Das Fell hinter seinem Ohr stammt von einem weiß und orange gefärbten Baumopossum.

Pik-König: Ein Roro aus dem Dorf Hauramiri in der Zentralprovinz. Dieser Stamm beweist die größte Phantasie im Bemalen der Gesichter – und niemand sonst in Neuguinea gelingt es derart perfekt, die groben Erdfarben in so feinen Strichen auf die Haut zu zeichnen. In den Händen hält der Dargestellte eine stilisierte Keule aus geschnitztem Holz.

Herz-König: Ein Komblo aus dem Waghi-Tal bei Banz. Diese Bewohner der westlichen Provinz tragen hohe Perücken

K
K

K
K

K
K

K
K

aus bunten Papageien- und Paradiesvogelfedern und dazu eine Art von Umhang, der am Kopf beginnt und bis weit über die Schultern fällt. Er besteht aus gelbgestrichenem Menschenhaar und ist an den beiden vorderen Kanten – rechts und links des Gesichts – mit den Deckflügeln eines leuchtendgrünen Käfers eingefaßt. Der Häuptling ist mit einem Speer bewaffnet.

Karo-König: Ein fein bemalter Mann von den Trobriand-Inseln. Die Gesichtsdekoration unterstreicht die Augen und wirkt maskenhaft, aber nie bedrohlich. Die Farben bestehen aus zerstoßenem Muschelkalk und Holzkohlenruß, die mit Wasser angerührt wurden. In der Mitte der Spielkarte ist eine jener typischen Rosetten dieses Südsee-Archipels zu sehen, die aus buntem Papier geschnitten und zusammengeklebt werden. Es sind filigranfeine Kunstwerke, zierlich und zart wie Spinnweben. Die Trobriander stecken sie beim Tanz und Spiel ins Haar oder tragen sie, mit einem roten Band befestigt, am Oberarm.

Kreuz-Dame: Sie ist die am schwersten zu identifizierende Figur. Ich tippe auf ein Mädchen vom Stamm der Kilenge, der in der äußersten Westecke der Insel New Britain lebt und auf schmalen, aufwendig geschnitzten und bemalten Einbäumen weit ins Meer hinausfährt, um zu fischen. Das Mädchen trägt auf der Brust einen stilisierten Muschelring, um die Stirn ein Band aus orangefarbenem Opossumfell und in der Hand eine Blume, die unserer Begonie ähnelt.

Pik-Dame: Eine trauernde Witwe, die ihr Haupt mit einem sackartigen Schleier verhüllt und ihr Gesicht mit blaugrauem Schlamm eingerieben hat. Sie dürfte aus der Gegend von Mendi stammen, das im südlichen Hochland liegt und der

Ausgangspunkt für Touren hinauf zum romantischen, von Mythen umrankten Kopiago-See ist. Die meisten trauernden Damen tragen dazu noch schwere Bündel von Halsketten aus aufgefädelten Samenkörnern, die grau wie der Schlamm in ihren Gesichtern sind und wegen ihres Verwendungszwecks „Witwentränen" genannt werden.

Herz-Dame: In voller Kriegsbemalung und eingehüllt in Felle und geflochtene Panzer sind die Bewohner von Papua-Neuguinea oft nach Geschlechtern nicht zu unterscheiden. Weder in natura noch auf Fotos und Zeichnungen. Der Entwerfer dieses Kartenspiels lieferte einen Hinweis, indem er seinen Damen Blumen in die Hand drückte. So auch diesem hübschen Binandere-Mädchen aus Ost-Neuguinea. Dieser Stamm lebt entlang der Flüsse und an der Küste, zieht recht guten Tabak zum Eigenbedarf und zum Handeln, und die jungen Männer jagen Fische auf die schwerstmögliche Art – knietief im Wasser stehend mit dem Speer! Die Binandere-Mädchen sind gesuchte Partien, da sie nicht nur gut kochen können, sondern auch begabte Töpferinnen und Weberinnen sind – abgesehen von ihrer natürlichen Schönheit.

Karo-Dame: Eine tätowierte Frau vom Stamm der Motu, die in der Nähe von Port Moresby leben. Es gibt zur Zeit etwa dreiundzwanzigtausend Motu, aber nur die älteren Frauen sind noch tätowiert, und zwar in geometrischen Mustern, parallelen Linien und mit Punkten im Gesicht und vor allem auf dem Oberkörper. Diese unauslöschliche Ornamentierung wurde früher immer dann ausgeführt, wenn ein Mädchen geschlechtsreif geworden war. Heute betrachten die Frauen dieses Stammes das Tätowieren als „altmodische Zumutung", wie eine Sekretärin im „Travellodge-Hotel" von Port

Moresby, die eine Motu ist, es ausdrückte. Der Stamm lebt zum Teil mitten im Stadtgebiet auf etwa zwei Meter hohen Pfahlbauhütten und gilt unter den Papuas als Seefahrervolk. Deutlich auch auf dieser Spielkarte zu sehen: Die Papua des Tieflandes haben eher die Gesichtszüge von Südseeinsulanern und unterscheiden sich frappierend von den mehr negroiden, groberen Highlandern.

Das Kartenspiel ist – in Neuguinea wie bei uns – ein Abklatsch der alten Realität: Die Buben holen die Kohlen aus dem Feuer, die Könige stechen die Damen, und wenn die Buben keine Trümpfe sind, sind ihnen die Damen überlegen.

In Neuguinea kommt noch dazu, daß die Kurukuru – die Kreuz-Buben – tatsächlich stärker sind als alle anderen Stämme. Der Kurukuru sticht sie alle!

Moka – Geschenke statt Blutrache

Es ist ein klarer Tag im Hochland von Neuguinea, mit jener Klarheit, die man in Höhen von über 1600 Metern antrifft. Auf Neuguinea, wo Luftverschmutzung ein Fremdwort ist, wirkt sie fast bedrohlich und etwas frostig, obwohl das Thermometer an diesem Vormittag sicher auf 22 Grad steht.

Ich hatte mir ein Auto genommen, um die Stich- und Parallelstraßen des „Highland Highway" zu erkunden, jene rotbraunen Staubpisten, die zu Kaffeeplantagen, abgelegenen Dörfern und ins Nirgendwo führen. Manchmal sehen sie aus wie Tunnel, wenn die Pisten durch mannshohes Kunai-Gras führen. Ich fahre extrem vorsichtig, vor allem, weil man in dem kurvigen Gelände so leicht vergißt, daß in Papua-Neuguinea links gefahren wird – und plötzlich befindet man sich vor einem rasenden Lkw, dessen Fahrer glücklicherweise meist sehr schnell reagiert.

Ich verlasse Goroka, rolle langsam den Highway in Richtung Mt. Hagen und suche nach einer Kreuzung, die mir ein Abenteuer irgendwo in den Bergen verspricht. Ich komme durch Asaro, und der „Bottle-Shop" fällt mir auf, weil ein Melpa in vollem Kriegsornat davor steht und offensichtlich Probleme hat. Ich parke, betrete den Laden und kaufe ein paar Cola, wobei ich immer den Melpa im Auge behalte, der keuchend versucht, eine Kiste Bier auf seine Schultern zu laden und damit wegzumarschieren.

Er trägt eine Art Mütze aus weißlich-gelbem Opossumfell, darüber so etwas wie eine aus Fasern geflochtene Schüssel, die wie ein Turban gebunden ist, und darüber noch einen gut achtzig Zentimeter hohen Kopfputz aus Reggiana- und King-of-Saxony-Paradiesvogelfedern in den leuchtenden Farben Türkis, Blutrot, Weiß, Schwarz und Orange. Sein Gesicht hatte er sich mit feuchter Holzkohle blauschwarz gefärbt, die Konturen der Augen und Lippen jedoch mit Kalk weiß nachgezogen, und die Nase sticht aus dem Dunkel seines Antlitzes rot wie eine Riesenkirsche hervor. Um den Hals baumelt ein Kina-Halbmond aus einer ungewöhnlich großen Meeresmuschel und färbt sich mit jeder Bewegung des Mannes roter, denn seinen Körper hat er sich mit Lehm in einem glänzenden Henna-Farbton bestrichen. Dazu trägt er einen langen Rock aus weichen Baumfasern, die wie Tuch aussehen. Seine Bewaffnung besteht aus einem über offenem Feuer gehärteten Holzspeer, einer ziemlich bedrohlich wirkenden Baumaxt und einem selbstgeschmiedeten Messer in einer Lederscheide, das in seinem früheren Leben sicher mal ein wichtiges Autoteil gewesen war.

„Unser Lehrer", flüstert mir ein kleiner Junge zu, der im „Bottle-Shop" mit Erfolg versucht, die Neigen aus den Flaschen zu ergattern.

„In die Schule will er wohl nicht?" vermute ich, und der Inhaber der Tankstelle, ein Highlander in T-Shirt („Drink PNG-Coffee") und Shorts, findet das enorm komisch.

„O no!" lacht er. „Der Lehrer muß zu einer Zeremonie. Er soll das Bier bringen, weil sie ihm am ehesten vertrauen. Es ist ein weiter Weg, und die anderen würden nur mit leeren Flaschen ankommen."

Ich versuche, die Flaschen im Karton des Lehrers zu zählen, aber der Shop-Inhaber informiert mich: „Es sind vierundzwanzig. Aber der Weg ist weit – fünf Minuten!"

Fünf Minuten? In Papua-Neuguinea ist das keine Zeiteinheit, sondern eine Ermutigung oder eine Aufforderung, je nachdem. Fünf Minuten – das bedeutet 25 km im Flugzeug, 5 km im Auto und 30 Minuten zu Fuß. Ohne Bierkiste. Ich verstehe.

„Wenn ich den Lehrer mitnehme und sein Bier und ihn zu der Zeremonie bringe", erkundige ich mich, „lassen sie mich dann wohl teilnehmen?"

Genau darauf hatte der Shop-Inhaber abgezielt, nämlich daß ich das Transportproblem lösen würde. Er ist jedoch vorsichtig und will nicht sofort eingestehen, daß ich in seine Falle getappt bin, und so antwortet er: „Ich frage mal."

Der Lehrer, der unsere Unterhaltung längst aufmerksam beobachtet hat und sicherlich viel besser englisch spricht als der Flaschenlieferant, hört sich zumindest pro forma den Plan an und erwidert dann etwas in der bellenden, kehligen Sprache der Melpa. Der Shop-Inhaber wendet sich darauf wieder mir zu und sagt: „Er ist einverstanden. Du mußt dir aber dein eigenes Bier mitbringen. Aus der Kiste darfst du nichts trinken."

Ich kaufe eine zweite Kiste – als Gastgeschenk –, lade den Lehrer, der immer noch kein Wort mit mir gesprochen hat, und seine Last auf den Beifahrersitz und fahre los.

Ich habe Glück, denn ich werde tief in den Bergen eines der wilden, trunkenen, lauten, merkwürdigen und so klugen Moka-Feste erleben, die entstanden sind, um die Menschen dieser Insel und ihre verschiedenen Gesellschaftsformen trotz aller Unterschiede friedlich zu halten.

„Niugini Nius", die englischsprachige Zeitung des Landes, brachte im August 1986 auf Seite 1 eine ganz gewöhnliche Nachricht aus den Highlands: Ein Mann war ermordet worden. Würde man seinen Mörder vor Gericht bringen? Wahrscheinlich nicht, denn dafür hatte man ja schließlich die segensreiche Einrichtung des Moka-Festes ... Und da sich die Bluttat im Tal von Asaro abgespielt hatte, ließ sich sogar von einem Fremden wie mir die Geschichte rekonstruieren, obwohl die Highlander derlei Interna nicht so wahnsinnig gern mit einem Weißen besprechen:

Ein Mann hatte in der Nacht ein Schwein gestohlen und wurde daraufhin von dessen Eigentümer mit dem Speer so sehr verletzt, daß er starb. Da die beiden Männer verschiedenen Clans angehörten, mußte die Bluttat gerächt werden. Inzwischen hat der Bruder des Schweinediebes dessen Mörder getötet, und dessen Bruder müßte nun seine Pflicht erfüllen – wenn es nicht zu einem Moka-Fest käme. Und dieses Fest sollte nun an dem strahlend klaren Tag im Tal von Asaro stattfinden.

Auf Neuguinea ist die Moka-Zeremonie Hunderte von Jahren alt und dient mittlerweile einer ganzen Reihe von Aufgaben: Tote und Verwundete werden mit den Gaben kompensiert, man belohnt Kompromisse bei Stammes-Zwistigkeiten und bindet zwei Stämme oder Clans eng aneinander, weil der eine es nicht auf sich sitzen lassen will, vom anderen derart mit Geschenken beschämt worden zu sein, während der andere Clan darauf angewiesen ist, innerhalb gebührender Zeit ähnliche Geschenke zurückzubekommen.

Aber was ist schon eine „gebührende Zeit" auf Neuguinea? Moka-Zeremonien können jahrelang dauern, und es gibt

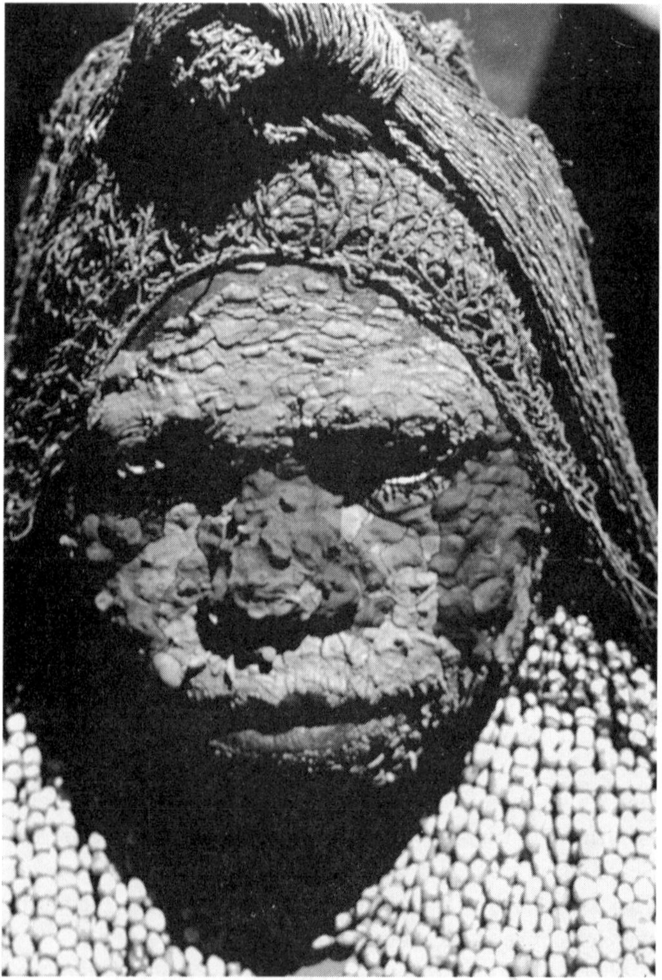

Trauernde Witwe

Beispiele, daß Geschenke erst in der folgenden oder sogar übernächsten Generation zurückgezahlt wurden. Das Moka, das ich jetzt besuchen werde, war auf drei Tage angesetzt, aber im November 1983 fand ein Riesen-„Moka" im Nebilyer-Tal statt, 13 km von Mt. Hagen entfernt in den Western Highlands – und das dauerte zwei Wochen!

Es gibt kaum etwas, das bei diesen Festen nicht verschenkt werden kann, und je mehr ein Clan oder Stamm anschleppt, desto größere Ehre legt er ein. Damals im Nebilyer-Tal brachten die Männer des Ulga-Komb-Clans ihren eigentlichen verfeindeten Landsleuten vom Ulga-Agalimp-Clan nicht nur Kühe, Kästen voll Bier und Bargeld – sie verschenkten sogar zwei Personenwagen. Dazu über dreihundert Schweine, zwei Kasuare, Kasuar-Eier, Opossums und Bambusröhren voll kostbaren Baumöls, das zuerst aus den Southern Highlands hatte beschafft werden müssen. Ganz zu schweigen von so kleinen Aufmerksamkeiten wie schmackhaften Aalen und gefährlichen Schlangen, mit deren Einfangen die Ulga Komb den Ulga Agalimp nicht nur ihre Großzügigkeit bewiesen, sondern auch ihren Mut.

Wie immer, muß in Papua-Neuguinea auch vor jedem Moka erst mal ausführlich verhandelt werden. Gehudelt wird hier nie, und so setzen sich die beiden Chefs der verschiedenen Stämme oder Clans zusammen und besprechen den Termin für das Fest. Dann trifft sich der Chief mit den „Bigmen" der einzelnen Familien, um die Menge der Geschenke zu diskutieren. Ist man sich einig, geht ein jeder daran, seinen schönsten Kopfputz zu restaurieren (was Dutzenden von Paradiesvögeln und Papageien nicht gut bekommt), rührt Farbe für Gesicht und Körper an und überprüft Musikinstrumente und Waffen auf ihre Verwendbarkeit. Denn ein Moka ist zwar ein Friedensfest, aber man kann ja nie wissen ...

Fünf Minuten, hatte der Shop-Inhaber gesagt. Der immer noch schweigsame Lehrer und ich fahren jedoch über eine Stunde. Und als ich einmal anhalte, weil ich überlege, ob ich überhaupt so tief ins Land hineinfahren sollte, macht mein Begleiter zum ersten Mal den Mund auf: „Lakansan", sagt er und deutet in die Ferne. So heißt wohl das Dorf, in dem das Fest stattfindet, und seiner Geste entnehme ich, daß es nicht mehr weit sein kann.

Während der Fahrt versuchen immer wieder Männer in vollem Kriegsornat, die auch zum Moka wollen, mitgenommen zu werden, und das tue ich auch, wenn der Lehrer seine Zustimmung nickt und solange noch Platz ist. Zweimal halten wir an einem Fluß, und nachdem sich einer der Männer bereit erklärt hat, beim Auto Wache zu stehen, klettern wir anderen zum Wasser hinunter, trinken erst einmal und tauchen dann zur Abkühlung hinein.

Lakansan ist ein Weiler hoch oben in den Bergen, und da er im Schatten liegt, ist es bitter kalt. Dafür kann ich von hier oben eine spektakuläre Aussicht genießen, die es erlaubt, Dutzende von Rodungsfeuern zu zählen, ebenso viele Grünschattierungen, und immer da, wo der Fluß verläuft, markiert ihn eine dunkelgrüne Schlange aus Büschen und Bäumen. So merkwürdig das klingt – aber immer, wenn das Hellgrün eines Hügels in die Sonne gerät, changiert das Hellgrün zu einem zarten Lila, und das Gras, das so hoch ist, wenn man durchfährt, sieht aus der Entfernung aus wie eine grüne Teppichauslage oder wie jener samtige Kunststoff, mit dem Modelleisenbahner ihre Landschaften belegen.

Zigarettenpause

„You wait", sagt der Lehrer, als wir in das kleine Dorf einbiegen, und verschwindet mit seiner Bierkiste. Ein paar Minuten später erscheint er mit dem Chief von Lakansan, und der versucht es mit jener Unverfrorenheit, an die man sich auf Neuguinea erst gewöhnen muß. Er sieht mich nämlich ausgesprochen drohend an und schreit dann: „Give me your beer!"

Ich schüttle nur den Kopf und starre ihn ebenso finster an. Eine Minute lang passiert gar nichts, bis der Lehrer sich zum Sprechen bequemt: „He boss. He beer."

Eine Logik, die auf Neuguinea nicht ohne Sinn ist. Will ich an dem Moka-Fest teilnehmen, muß mir jetzt etwas einfallen, damit wir beide nicht das Gesicht verlieren. Also knacke ich meinen Bierkarton und reiche ihm eine Dose durch das geöffnete Fenster.

„Me Moka", sage ich, „you beer." Der Chief lacht, greift nach dem Bier, und ich steige aus.

Die Gäste und die Gastgeber haben sich bereits zum Tanz formiert und stehen sich in zwei langen Reihen gegenüber. Nur noch der Lehrer hat gefehlt und das Bier. Die beiden Chiefs klemmen sich Trillerpfeifen zwischen die Lippen und geben den Takt an. Und mit lauten „Sch, sch, sch" zwischen den Pfeiftönen tanzen die beiden Gruppen aufeinander zu, voneinander weg, wieder aufeinander zu, weg, zu, weg... stundenlang.

Plötzlich Schweigen. Wie angewurzelt bleiben die Tänzer auf ihren Plätzen stehen. Dann tritt der Chief vor die Gäste und beginnt zu schreien. Aber was bedrohlich klingt, soll nur angeberisch sein. Ein Marktgeschrei. Denn ein paar seiner Männer treten vor und legen den Gastgebern einige Geschenke zu Füßen. Nicht alle, aber ein paar. Als Versprechungen, sozusagen, damit die ahnen können, was noch so alles kommen wird.

Erst jetzt entdecke ich, daß sich unter schweren Brustschilden und den bis vor die Augen gezogenen Masken aus Muscheln und Fasern auch Frauen verbergen.

Die Kundu-Trommeln beginnen wieder mit ihrem Beat. Der Chief des Gastgeber-Clans bläst in seine Pfeife, seine Leute stimmen von neuem ihr „Sch, sch, sch" an und tanzen auf die Gäste zu, die als außerordentlich großzügig anerkannt worden sind. Die Geschenke wurden akzeptiert. Zwei Dutzend Schweine haben die Gäste hinter den Hütten angepflockt. Vor den Gastgebern liegen flache Schüsseln voller Yamswurzeln. Säcke voller kostbaren Highland-Kaffees und Geldscheine, die in einer Spur auf die Erde gelegt worden sind.

Ich sitze auf einem Baumstamm zwischen dem langgestreckten Haus der Männer und der nächsten Hütte, einem Rundbau, mache mich möglichst unsichtbar, um nicht zu stören, und folge der Geldspur mit den Augen. Sie führt mitten durch die beiden Reihen der Tanzenden hindurch bis zu einem Baum, der keiner ist. Zwar ragt ein Stamm zehn Meter hoch auf, und seine großen grünen Blätter flattern im Wind – aber es ist kein Baum. Es ist eine Stange, die die Gäste mitgebracht haben. An der Stange sind dünnere Querstangen wie Zweige angebracht, und in den Zweigen wiederum stecken kleinere Zweige. Alle sind sie gespalten und in Abständen wieder zusammengebunden, und dazwischen klemmen Banknoten, die im Wind wie große grüne Blätter flattern. Der Baum ist ein Geldbaum mit teurem Laub! Ich beginne die Blätter zu zählen und höre bei dreitausend auf. Dreitausend und mehr Kina, das sind umgerechnet mindestens siebentausend Mark. Ein Vermögen – und hier in Lakansan die Krönung des Gabentisches!

Als der Wind ein paar Scheine in die Felder zu wehen droht, sammle ich sie auf, wage mich zu dem Kina-Baum und klemme sie wieder an. Aber das interessiert keinen, niemand beachtet mich. Ich bin nicht existent, wenn sich die Highlander in ihre Tradition versenken. Also kehre ich wieder auf meinen Baumstamm zwischen den beiden Hütten zurück und bleibe dort sitzen.

Erst als das Bier ausgeht, bemerkt man mich wieder, und der Chief spricht mich auf meinen Bierkasten an. Als ich ihm mein Bier aushändige, öffne ich auch den Kofferraum, um allen zu zeigen, daß ab jetzt von mir nichts mehr zu erwarten ist. „No more beer", versichere ich glaubhaft.

„Sorry!" rufen die Zeugen, und dann müssen wir gemeinsam lachen.

Allmählich senkt sich die Abenddämmerung herab. Es wird schneidend kalt hier oben in den Bergen, aber immer noch fließt der Schweiß in Strömen. Kein Wunder, daß kein Gramm Fett an den Körpern der Tänzer zu sehen ist, denn sie stampfen jetzt schon sechs Stunden ohne Pause zum Takt der Pfeifen und ihrem „Sch, sch, sch!" Der Kopfputz wippt wie ein Wald von Federn. Die langen Röcke färben sich zunehmend röter von der Farbe, die der Schweiß von den Körpern wäscht, und die traditionellen Brustlätze, fein hergestellt aus etwa zehn Zentimeter breiten, bleistiftdünnen Bambusstäbchen, bewegen sich vom Nabel auf- und abwärts wie winzige Rollos.

Das Moka dauert die ganze Nacht, und fast bedaure ich, daß ich nicht mittanze. Denn mit der Dunkelheit steigt die Feuchtigkeit, dringt selbst durch meinen vorsorglich mitgebrachten dicken Pullover, und in den frühen Morgenstunden schleiche ich mich an ein Lagerfeuer und wärme meine eisigen Hände. Da ertappe ich mich, wie ich im Takt mitzische: „Sch, sch, sch!"

Der zweite Tag ist der Tag der Schweine. Indirekt, denn sie werden gefeiert, indem man sie verzehrt. Schweineschlachten ist eine heilige Handlung auf Neuguinea, und der Ort, an dem dies geschieht, ist tabu für Frauen und Kinder. Die Männer, die mich mitnehmen, dringen durch das hohe Gras bis zu einer Lichtung rund einen halben Kilometer hinter dem Dorf vor, und ich erkenne einen alten Friedhof, auf dem die Ahnen des Dorfes zur letzten Ruhe gebettet wurden. Die Schweine scheinen zu wissen, was ihnen bevorsteht, denn sie quieken schrill, bis sie mit ein paar gezielten Keulenschlägen getötet werden.

Die Männer haben Körbe voller „Kau-kau", das sind Süßkartoffeln, mit Bananen, Taro und wildem Gemüse mitgebracht, und als die Metzger die Schweine schlachten, lassen sie das frische Blut über die Körbe fließen. Im Dorf haben andere Männer inzwischen Erdöfen angelegt, etwa fünfzig Zentimeter tiefe Gruben, die mit glühenden Steinen ausgelegt sind. In diese Gruben werden die ziemlich grob zerschnittenen Schweineteile geworfen, dazu das blutdurchtränkte Obst und Gemüse, und schließlich so viel Grünzeug, daß alles bedeckt ist.

Bis das Fleisch gar ist, findet etwas statt, das auf Pidgin „Keram Montopa Welt Okum" heißt. Man könnte es als fremdartiges Tischgebet umschreiben, nur mit wesentlich mehr Aufwand als jene Danksagungen, die wir kennen. Denn die Männer und Frauen müssen sich dazu umziehen, neu bemalen mit Farben aus besonders kostbaren, weil nur schwierig zu beschaffenden Lehmarten in den Farben Rot und Weiß. Sie stülpen Perücken auf – aus Menschenhaar –, und wer kein solches Relikt einer blutigen Vergangenheit besitzt, leiht es sich bei einem Verwandten, im Nachbardorf oder sogar schon im Museum in Mt. Hagen oder Goroka.

Jeder einzelne Mann ist ein Kunstwerk für sich, und dennoch gibt es feine, für mich auf den ersten Blick kaum erkennbare Rangabstufungen. Denn derjenige ist der Schönste, dessen Federn von Paradiesvögeln aus der entferntesten Gegend stammen, die in den Highlands nicht vorkommen, sondern unten in den Flußebenen oder auf den Inseln des Pazifiks.

Auch die Frauen legen noch einmal zu, redekorieren sich, und ihr Kopfputz ist nun wesentlich größer als der der Männer, vor allem breiter, da sie die riesigen, wie Lanzenblätter wirkenden Federn des Prinzessin-Stephanie-Paradiesvogels verwenden, eingerahmt von ganzen Adlerschwingen und dem leuchtendblauen Brustkleid des *lophorina superba,* der fast ausgestorben ist. Und das vielleicht der Eitelkeit der Damen wegen, die kaum Grenzen kennt. Von den Ohren baumeln Häuschen grellgrüner Schnecken, vom Hals Ketten aus bunten Glasperlen frühmissionarischer Zeit und Cowries vom fernen Ozean. Die Muschelpanzer, die sie jetzt tragen, sind unvorstellbar groß – 40 cm lang und 25 cm breit – und sie bedecken nicht nur den Busen, sondern den Nabel gleich mit.

Doch Kopfputz und Schmuck werden noch übertroffen von der Bemalung der Gesichter, für die die Tänzer oft Stunden aufwenden. Unvorstellbar, daß ihnen nur die Farben aus der Natur zur Verfügung stehen – und ich bedaure die Vergänglichkeit der Schöpfungen.

Ein Mädchen hat sich den Kopf hellrot bemalt und dann die Lachfalten, die Augenpartie und die Lippen mit breiten weißen Streifen nachgezogen. In diese helle Bahn tupfte sie in Abständen von zwei Zentimetern blaue Punkte, was einen eigenwilligen Effekt wie aus einem Science-fiction-Film erzielt. Männer mit Vollbärten färben diese schneeweiß zu roten Nasen und schwarzen Gesichtern, andere tunken ihre Haarpracht in rote Brühe zu weißen Gesichtern und schwarzen Nasen, stecken sich als vierten Farbklecks frische Blätter in die Ohren und Nasen und kleben sich gelbe Blumen zwischen die Augen.

Die Zeremonie wirkt eindeutig heidnisch. Die alte Naturreligion hat den fremden neuen Glauben aufgesogen, nicht

Ein Melpa-Ehepaar posiert mit mir auf einem Fest in Goroka einige Jahre zuvor

umgekehrt. Die Highlander behaupten von sich zwar, Christen zu sein, aber ich habe den Eindruck, als habe das Christentum nur ihre alten Zeremonien verfeinert.

Die Schweine sind gar, Gemüse und Obst gekocht. Ich muß gestehen, daß das Fleisch nicht besonders schmeckt, weil es oft noch roh ist, zäh dazu und von jenem Geschmack, der im Mund bleibt, wenn man starkes Nasenbluten gehabt hat. Aber die Tänzer langen zu, bis ihre Bäuche anschwellen, und zum Schluß sieht die Tafel aus, als seien die Geier eingefallen, um nichts als blanke Knochen zu hinterlassen.

Die Völlerei wird jedoch immer wieder unterbrochen durch Tischreden, wie wir das nennen würden. Da wird der wunderschöne Kopfputz laut und wortreich dem Segen der Ahnen anvertraut, auch wenn der Schmuck nur geliehen ist. Der Chief der Gastgeber lobt lautstark die Großzügigkeit seiner Gäste, verspricht jedoch, daß das Moka, das er und sein Clan geben werden, diese Großzügigkeit bei weitem übertreffen werde. Der Chief der Gäste nimmt das wohlwollend zur Kenntnis, erhebt sich seinerseits und brüllt in die Runde, daß er hoffe, sich mit dem hochverehrten Chief der anderen Partei nie im Krieg messen zu müssen, obwohl er auch davor natürlich keine Angst habe und der andere Chief sicher auch nicht.

Wieder formieren sich die beiden Reihen der Tänzer, Männer und Frauen gemischt. Hintereinander marschieren sie um die jetzt leeren Ofengruben herum und zurück zu dem freien Platz, auf dem das Moka begonnen hat und wo noch immer das Banknoten-Laub des Geldbaums im Wind flattert.

Der zweite Tag neigt sich dem Ende zu, und ich denke an Aufbruch. Die Kundu-Trommeln beginnen ihren höllischen Lärm. Ich kann nicht mehr unterscheiden zwischen den großen

Trommeln, die auf dem Boden stehen und im Tanzen geschlagen werden, und den Handtrommeln, die einige Tänzer in der Linken tragen, und mit der rechten Hand bearbeiten. Ich spüre das vibrierende Stampfen der Füße auf dem harten Boden des Tanzplatzes.

Gerade will ich mich meinem Auto zuwenden, da endet der Lärm – das Moka erreicht seinen relativ ruhigen Höhepunkt, den ich um ein Haar verpaßt hätte. Die Gäste verteilen nun die eigentlichen Geschenke an die Gastgeber. Wieder werden sie – wie die kleineren Geschenke zu Beginn des Festes – vor die Füße ihrer Gegenüber gelegt, und da wird klar, daß der Chief es schwer haben wird, dieses Moka zu vergelten. Ich schätze, daß

Auf diesem Foto (von einem Fest in Goroka) sieht man die Handtrommeln der Tänzer, wie sie auch in Lakansan benutzt wurden

alle Geschenke zusammen, den Geldbaum mitgerechnet, der jetzt offiziell überreicht wird, einen Wert von etwa 15 000 DM haben – und ich schätze auch, daß es den Gästen, wenn sie erst wieder zu Hause und ihre jetzt vollen Bäuche wieder leer sind, gar nicht so gut gehen wird. Denn dieses Moka muß ihre Reserven aufgezehrt haben, des Friedens und der Ehre willen. Es wird ein langes Warten geben auf das Moka, mit dem ihnen ihre Großzügigkeit zurückgezahlt werden kann. Doch so lange herrscht Frieden zwischen den Leuten von Lakansan und den Leuten, die ihre Gäste waren. Und das war ja der tiefere Sinn des Moka.

Bevor es völlig Nacht wird, stehle ich mich davon. Ich verfahre mich auf dem Weg hinunter ins Tal und nach Asaro dreimal, und ich brauche fast drei Stunden für die Strecke zurück nach Goroka.

Wieder zu Hause in Deutschland erreicht mich ein Zeitungsausschnitt der „Niugini Nius", den ein Freund mir schickte, und da stand folgendes zu lesen:

„Der Wochenmarkt von Goroka, der fünf Tage lang geschlossen geblieben war, wurde wieder geöffnet. Wie berichtet, mußte der Handel eingestellt werden, nachdem ein junger Mann einen Messerstich in den Bauch erlitten hatte und Stammeskämpfe zwischen den Asaroufa und Pangia ausgebrochen waren. Der Markt wurde wieder geöffnet, obwohl der junge Mann in der Nacht darauf starb und weitere Kämpfe befürchtet werden. Aber, so sagte ein Sprecher der Polizei, die durch das Schließen des Marktes möglichen Versorgungsschwierigkeiten könnten zu noch größeren Unruhen unter der gesamten Bevölkerung führen."

Die Asaroufa waren die Gäste bei meinem Moka-Fest, und mit den Pangia haben sie also noch nicht gefeiert. Nun wird man abwarten müssen, ob sich eine Blutrache entwickelt – oder noch ein Moka, das die Asaroufa nach der großzügigen Feier in Lakansan gar nicht mehr bezahlen könnten. Das heißt, die Pangia müßten zu ihnen kommen. Doch das geht nicht, denn der junge Tote war einer von ihnen; die Asaroufa wären somit erneut dran...

Auf dem Gipfel des Mt. Wilhelm

Frösche? Das war das letzte, was ich erwartet hatte. Tundra vielleicht, eine alpine Vegetation, tiefe Risse im Gestein und versteckte Seen in Löchern, die von Gletschern geschliffen wurden, hie und da ein eisiger Bach, der bei Einbruch der Dunkelheit hinter Nebelbänken verschwindet. Aber Frösche? Auf viertausend Meter Höhe? Aber ihr Quaken ist nicht zu überhören.

Es ist anstrengend, aber technisch nicht besonders schwierig, den höchsten Berg von Papua-Neuguinea zu besteigen, den Mt. Wilhelm, benannt nach dem deutschen Kaiser und obersten Kolonialherrn bis 1918. Wie hoch der Wilhelm ist, weiß keiner so recht, und die Angaben variieren erheblich. 4508 m dürfte korrekt sein, und so steht es auch in Knaurs Großem Weltatlas, aber es gibt Landkarten, auf denen der Mt. Wilhelm sogar mit 4800 Metern angegeben ist. Wie man sieht, wird es Zeit, daß ihn endlich mal jemand amtlich vermißt.

Der oft schneebedeckte Berg liegt in einem Nationalpark, und zwar genau da, wo die Chimbu- oder Simbu-Provinz mit den Western Highlands und der Provinz Madang zusammenstößt. Zum Aufstieg mußte ich das Dorf Kegusugl erreichen, etwa 57 km nordöstlich der Stadt Kundiawa. Eine kaum befahrbare Straße, mehr ein Flußbett bei Regen und ein Sturzacker in der Trockenzeit, führt von Kundiawa nach Kegusugl, und irgendein Fahrzeug der staatlichen Transportgesellschaft PMV quält sich immer hinauf auf 2569 m, denn so hoch liegt der Ausgangspunkt für die Mt.-Wilhelm-Touren.

Wer auf eigene Faust fährt, muß sich die kleine Abzweigung hinter Gembogl merken, die leicht zu übersehen ist. Wer sich nicht ganz sicher ist, sollte in dem kleinen Dorf anhalten und fragen. Gembogl erlitt erst kürzlich die Wellblechinvasion, die so viele schöne Orte in Neuguinea ruiniert hat. Die Bewohner gehen dennoch immer noch in bemalter und verzierter Nacktheit. Und es gibt eine dekorative Hängebrücke aus Lianen, die aber nicht der Schönheit willen gebaut wurde, sondern dringend notwendig ist für den Waren- und Personenverkehr dieser Gegend.

Ich hätte auch nach Kegusugl hinauffliegen können, das sich einst damit brüstete, die höchste Flugpiste von Neuguinea zu besitzen – auf 2469 Metern! Aber die klimatischen Bedingungen dort oben sind unberechenbar, und daher läßt man den Airstrip jetzt lieber verfallen, weil er zu gefährlich ist. Für eine privat gecharterte Maschine ist er aber immer noch gut genug. Es gibt ein paar sehr billige Quartiere in Kegusugl, und nachdem ich mich zuerst dem „Headman" des Ortes vorgestellt habe, bekomme ich eine leerstehende Hütte zugewiesen, die direkt am Strip steht. Rund fünf Kina kostet mich dieses einfache Nachtquartier mit Lehmbank als Bett und Steinkreis als Feuerstelle. Aber das Dach über dem Kopf ist stabil, mit fließend Wasser (im Bach nebenan), und für ein paar Kina kann ich einige Lebensmittel kaufen.

Auch wenn man mit dem Flugzeug kommt, sollte man nicht gleich weitergehen, sondern besser einen Tag in Kegusugl verbringen – erstens wegen der Akklimatisierung, zweitens wegen der Träger. Natürlich kann jeder sein Gepäck selbst schleppen, und für zwei Tage auf dem Mt. Wilhelm benötigt man nur ein paar Kilo. Ich nehme mir dennoch einen Führer, nicht unbedingt als Träger, sondern daß er mir die Besonderheiten der Tour erklärt.

Geübte Bergsteiger schaffen den Mt. Wilhelm von Kegusugl aus in einem Tag, gute Bergwanderer in zwei. Ich halte die Eintagestour für ziemlich anstrengend, und vor allem kann man in der Eile die beeindruckende Landschaft nicht genießen. Es gibt zu viel zu sehen am Mt. Wilhelm, um im Sturmschritt daran vorbeizulaufen. Dazu kommt noch, daß der Berg technisch zwar nicht schwierig ist, aber viereinhalbtausend Meter sind nun mal ziemlich hoch, hoch genug für die Höhenkrankheit, die sich in bohrenden Kopfschmerzen und zeitweiliger Übelkeit äußern kann. Oder in erschöpfter Nervosität, in die die Frösche mit ihren Protestrufen eindringen wie Morgengetöse in das ungelüftete Hirn eines Verkaterten.

Der Aufstieg zum Mt. Wilhelm ist ein seltsames Erlebnis, weil man sich über eine Insel erhebt, die sich gestern noch in der Steinzeit befand, und zu der man zurückkehren muß vom Gipfel, auf dem man vollkommen vergessen konnte, wo man sich befand. Man hat den Schnee betreten in einem Land, in dem die meisten Menschen noch nackt gehen, und ein wenig überkommt mich das Gefühl, daß dieser Berg eigentlich nicht in diese Gegend gehört, daß er mir in seiner alpinen Vertrautheit jedoch viel näher ist als die Täler ringsherum.

Der Weg zum Gipfel ist gut markiert, was zeigt, daß der Wilhelm inzwischen häufig bestiegen wird. Die erste Etappe führt mich einen gewundenen Pfad hinauf zu den Pindaunde-Seen, die 3500 Meter hoch liegen, und allmählich sehe ich die

Zuschauer beim Zähneputzen

zackige Pyramide des Mt. Wilhelm vor mir. Es ist ein sehr klarer Tag, und ich erkenne sogar ein dunkles Pünktchen über dem Gipfel, das sich später als eiserne Fahne – nicht als Gipfelkreuz – herausstellt.

Meist verbirgt jedoch der Wald den Berg. Es ist kühl zwischen den Bäumen, manchmal sogar richtig kalt. Ich beobachte, wie die Träger, die die Aluminiumboxen und Seesäcke der Bergsteiger bisher freihändig auf dem Kopf balancierten, sich hier mit Lianen, aus denen sie Trageseile fertigen, versorgen. Sie laufen barfuß auf dicken Sohlen, die wie angewachsene Sandalen wirken und den Füßen ein wenig das Aussehen von Flossen geben. Ihre Zehen erinnern an

Finger und stehen weit auseinander wie eine gespreizte Hand. Selbst mit vierzig Kilo auf dem Kopf (die Höchstlast pro Träger, darauf hat man sich per ungeschriebenes Gesetz geeinigt), stapfen die Männer mit bloßen Füßen über die spitzen Felsen und holen sich nicht mal einen Kratzer.

„Ein Bergsteiger ist für die Einheimischen wie ein Lottogewinn", scherzt der Australier Steve Ahmet, der in Kundiawa die „Chimbu Lodge" betreibt. Und wirklich, schlechtes Gewissen würde mich nicht befallen, wenn ich einem dieser Männer mein Gepäck aufladen wollte. Es befiel mich eher, weil ich nur einen Mann als Führer gebrauchen konnte und zwanzig andere leer ausgingen.

Am Tor zum Nationalpark zeigte mir der freundliche Ranger das Gästebuch, deutet mit einem Finger auf die aufgeschlagene Seite und sagt: „Schlechtes Geschäft!" Da stehen gerade acht Namen von Ausländern, die sich Führer und Träger genommen hatten. Ein Träger erhält übrigens knapp die Hälfte des Führerlohns, umgerechnet etwa fünfzehn Mark pro Tag.

Die Hütten bei den Pindaunde- oder Aunde-Seen kosten pro Nacht rund zehn Mark, erfahre ich. Dafür werden einfache Holzbetten mit Matratzen und Kerosin-Lampen geboten. Wer diese Unterkünfte benützen möchte, muß James, den Ranger, nach den Schlüsseln fragen. Nun mag James inzwischen versetzt worden sein – aber die Schlüssel liegen immer im Hauptquartier des Nationalparks. Bei James kann man gefahrlos lassen, was man nicht mit auf den Berg schleppen will. Er wird es hüten wie seinen Augapfel.

Bereits die ersten Forscher, die sich in Neuguinea herumtrieben, wurden von den Bergen unwiderstehlich angezogen.

Einer von ihnen war der unaufhaltsame Sir William MacGregor, der uns eine wunderbare Geschichte hinterlassen hat:

„Eines Tages beschloß ich, den höchsten Punkt der Owen Stanley Range in Angriff zu nehmen, der im Südosten des Mt. Wilhelm liegt. Aber die Einheimischen weigerten sich, mit mir zu gehen. Sie beschworen mich, mein Vorhaben fallenzulassen. Und als ich den Grund wissen wollte, rückten sie nur zögernd und flüsternd damit heraus – wenn ich die Wolkengrenze erreichte und der Nebel um den Gipfel mich einhüllte, würde ich blind werden. Schlimmer noch: Meine Nase und die Ohren würden abfallen ..."

Die Chimbu, die am Mt. Wilhelm leben, haben diesem Aberglauben längst abgeschworen. Zu viele von ihnen waren bereits auf dem Gipfel, und die Aussicht, mit dem Trägerlohn ein paar Wochen gut leben zu können, hat ihre Angst bereits frühzeitig besiegt. Sie stapfen heute lachend und schwatzend durch den schlammigen Tunnel, den der Pfad auf der ersten Etappe meist bildet.

Ich bin binnen Minuten durchnäßt. Wie unsichtbarer, aber feuchter Nebel hüllt mich die Luft in dieser Höhe der Wolkengrenze ein. Von Zeit zu Zeit fliegen Nebelfetzen vorbei und verbergen, daß wir uns zwischen steilen Schluchten und tückischen Rissen bewegen. Manchmal zerreißt der weiße Schleier, und dann leuchtet ein See aus der Tiefe, merkwürdig petrolblau gefärbt und gespeist von dünnen Wasserfällen, die von Zeit zu Zeit in einem weißen Strahl durch die Felswände fallen, oft aber lediglich trockene Kamine hinterlassen haben, die sich nur in der Regenzeit füllen.

Besonders spektakulär wirken die Wasserspiele am Mt. Wilhelm, wenn mehrere Seen einander als Überlaufbecken dienen. Steht dann der Wind richtig, hallt ein leises Plätschern durch das Schweigen, das nur ich mit meiner Anwesenheit störe.

Es ist eine herrliche Bergwanderung durch einen Regenwald voller unbekannter Bäume und seltener Blumen, doch je höher ich steige, desto abhängiger wird die Temperatur vom Sonnenstand, dem Wind und dem Schatten. Ich durchwandere während dieser Tour die unterschiedlichsten Zonen: erst gleich hinter Kegusugl ein relativ flacher Marsch zum Fuß des Berges, dann der Aufstieg durch den Regenwald, der ab etwa 3000 m spärlich wird und schließlich in eine Art Bergsavanne übergeht mit grasbedeckten Tälern und Wiesen mit niedrigen Büschen und jenen bizarren Art-deco-Palmen, die den lateinischen Namen *Cyathea atrox* tragen. Erst nach der Alm-Landschaft beginnen die Felsen, die eigentliche Kletterei auf einem Zickzackpfad.

Für Augenblicke vergesse ich, wo ich bin, schließe einen Moment lang die Augen, öffne sie wieder – und könnte durchaus glauben, in der Schweiz zu sein. Ein Wasserfall plätschert neben dem Pfad und hat ein Becken aus dem Stein geschliffen. Das Wasser ist eiskalt, aber köstlich frisch, und es schmeckt wie Selters. Dreihundert Meter weiter unten auf einer Wiese an einem See liegen die ersten Hütten, und ich überlege, ob ich den mitgebrachten Schlüssel benützen und mir ein wärmendes Feuer leisten soll. Aber das Wetter ist klar, und als ich auf die Hütte zeige, schüttelt mein Führer den Kopf und deutet statt dessen auf den Mt. Wilhelm. Er möchte weiter.

Doch es hat Vorteile, schon hier das Nachtlager aufzuschlagen, und das nicht nur wegen der Akklimatisierung. Wieder einmal – wie bei der Höhe des Mt. Wilhelm – sind sich die

Experten uneinig. Da schlägt ein australisches Berghandbuch vor, um 2 Uhr nachts mit dem Aufstieg zu beginnen, um ja den Wolken zu entgehen, die gegen 9 Uhr aufkommen und den Gipfel einhüllen. Wheeler, der meistens recht hat, schlägt 5 Uhr vor, und daran halte ich mich. Ich überstimme meinen Führer, und wir bleiben.

Früh am Morgen ist es wirklich kalt am Mt. Wilhelm. Als wir aufbrechen, weht ein eisiger Wind, dazu regnet es leicht, und meine Hoffnung ruht mehr denn je auf der Sonne, die etwa um 6 Uhr aufgeht. Je näher der Gipfel rückt, desto größer wird die Gefahr, daß Schnee fällt. Ich bin froh, daß ich etwas Wasser mitgenommen habe, denn so feucht es auch rund um den Gipfel ist, gibt es doch keinen Tropfen zu trinken. Der Aufstieg ist mühsam und dauert mindestens drei Stunden von den Pindaunde-Seen, an denen die Hütten stehen.

Der Pfad ist mit kleinen Steinpyramiden, Stangen aus wild verbogenen Ästen und roten, weißen und orangen Farbspritzern gekennzeichnet. Nur nicht die Abzweigung, die hinter den Pindaunde-Seen, die etwas oberhalb der Aunde-Seen liegen, einen steilen Hügel hinauf zu der Schlucht führt, in der seit Ende der 40er Jahre eine riesige „Liberator" liegt. Das ist ein Bomber der US Air Force, und ich hätte ihn nie gefunden ohne meinen Führer, der mich auf ein zur Skulptur verbogenes Wrackteil aufmerksam macht, das am Abhang der Schlucht zwischen rauhen Felsbrocken liegt – den von Wind und Wetter silbrig hell erhaltenen Propeller dieser B-24, dessen drei verbogene Metallblätter den optimistischen Spitznamen des fliegenden Riesen – „Liberator", Befreier – Lügen strafen.

Der Gigant – 33,52 m Spannweite und 20,22 m Länge – hatte sich im Nebel verflogen und war gegen den Mt. Wilhelm geprallt. 1969 schrieb ein ehemaliger B-24-Pilot namens David Becker in seinen Memoiren: „Das war das verflucht größte Flugzeug, das ich je gesehen hatte! Nicht in meinen kühnsten Träumen hatte ich mir, als ich es zum ersten Mal erblickte, ausmalen können, daß ein Vogel so viele Instrumente, so viele Anzeiger, Ührchen, Hebel, Rädchen, Knöpfchen und Zeiger haben könnte. Wie zum Teufel kann ein Mensch lernen, dachte ich, so ein Monster zu fliegen? Die B-24 war zu ihrer Zeit der größte Bomber, den die Amerikaner hatten. Es war ein Mordsflugzeug . . ."

Da oben, abgestürzt am Mt. Wilhelm, hat die „Liberator" nichts Monströses mehr, sie wirkt weder groß noch wie ein „Mordsflugzeug". Es liegen nur noch einzelne Metallsplitter herum, seltsam polierte Streifen von Blech, und wenn man sich die Mühe macht, findet man in Felsspalten und verklemmt unter losen Steinen auch noch ein paar verrostete Schrauben und Muttern. Ich bin ziemlich enttäuscht, und ohne den interessanten Mt. Wilhelm wäre das keinen Besuch wert gewesen. Und es ist nicht ganz ungefährlich, bis zur Absturzstelle der „Liberator" vorzudringen, denn das Gelände weist eine Neigung von, ich schätze, fünfzig Grad auf, ist dazu auch noch schlammig, und tückische Wurzeln, Dornbüsche und messerscharfe Gräser angeln nach jedem Fuß, der sich in diesem Gelände vorwärtstastet.

Zurück auf dem Pfad erreiche ich als nächstes den Kamm der Bogunolto-Ridge, und genau um 9 Uhr, wie vorhergesagt, senken sich die Wolken wie Nebel und verhüllen die Aussicht auf die hügeligen Kulissen dieses tropischen Gebirges. Der Pfad ist jedoch klar markiert und selbst im Nebel nicht zu verfehlen. Dennoch finde ich auf etwa 4200 m Höhe eine

Platte, aus deren Inschrift ich erfahre, daß im Dezember 1971 ein Bergsteiger so unglücklich abstürzte, daß seine Leiche nie gefunden werden konnte.

Der Gipfel des Mt. Wilhelm ist eine Pyramide aus rauhem Fels, der viele Tritte und Griffe bietet, aber derart gezackt ist, daß Haut und Kleidung darunter leiden. Doch oben, auf 4508 Meter, habe ich Glück. Der Himmel reißt auf, die Wolkendecke verzieht sich ins lichte Blau, und ich erkenne mit bloßem Auge beide Küsten – die Bismarck-See im Nordosten und das Korallenmeer im Süden, Hunderte von Kilometern entfernt, aber durch die klare Luft näher gebracht, wie durch eine riesige Lupe.

Auf dem Gipfel kann ich mich nicht in das speckige Buch eintragen, das in einer Metallkassette auf Besucher wartet, weil ich keinen Kugelschreiber dabeihabe. Das ärgert mich ein bißchen. Ich überlege mir, wer es wohl gewesen sein mag, der die sechs Meter hohe Stange mit der Metallfahne auf den Gipfel geschleppt und hier in dieser Steinpyramide einbetoniert hat, die aussieht wie ein kleines Matterhorn.

Wenn der Wind verebbt, hört man die Frösche sogar hier auf dem Gipfel. Ihr Quaken dringt vom Tal herauf und holt mich zurück aus meinen Gedanken und dem gipfelerstürmten Hochgefühl. Etwas wehmütig verlasse ich den Mt. Wilhelm, weil ich ahne, daß ich hierher nie mehr kommen werde, zu diesem Gipfel des Friedens über einer Insel voller Spannungen.

Ich leiste mir den Luxus noch einmal, in der Hütte bei den Seen zu übernachten. Es wird eine wilde Nacht, in der ein eisiger Sturm um die Hütte heult. Und als ich am Morgen aus der Tür blicke, liegt Schnee über mir auf den Hängen und sicher auch auf dem Gipfel. Und ich sehe auch, daß mein

Die Kinder, die mich hinunter ins Tal begleiteten

Führer und ich nicht mehr alleine sind: Eine Gruppe von Kindern ist uns entgegengestiegen, um uns abzuholen. „Nur so", sagt ein Mädchen und angelt nach meiner Hand, damit wir gemeinsam ins Tal zurückwandern. Die Kinder stimmen ein seltsam beklemmendes Lied an, eine Melodie der Melancholie, die gut zu diesem grauen Tag paßt.

Zwei Tage zum Nachdenken

In Kegusugl erzählt mir der „Headman" von einer interessanten Möglichkeit, zurück ans Meer und nach Madang zu gelangen. Es gibt einen Pfad quer durch die Insel, der dort beginnt, wo die Straße von Gembogl kurz hinter dem Dorf Denlaggu nach Kegusugl abzweigt. Am anderen Ende, kurz vor dem Ramu-Fluß, liegt der Ort Brahmin, und dort trifft der Pfad dann wieder auf eine ordentliche Straße, die direkt und schnell nach Madang führt.

Das dauert mindestens zwei Tage, für Genießer drei oder sogar vier, und ich beschließe, den Pfad schon deshalb zu nehmen, weil man vorhat, eine Straße von Gembogl nach Madang zu bauen, die fast genau diesem Pfad folgt. Er wird somit in ein paar Jahren in zivilisierte Unkenntlichkeit verwandelt sein. Ich treffe schon nach einigen Kilometern auf den Bautrupp, aber für den Rest der Strecke trekke ich noch durch unberührtes Neuguinea, fernab jeder Touristenroute. Die einzige Schwierigkeit ist, mir Nahrung zu verschaffen. Deshalb marschiere ich nicht direkt von Kegusugl aus los, sondern mache in Gembogl Station, um einzukaufen. Bis zum Beginn des Pfades ist es von Gembogl dann nur etwa ein Kilometer.

Ich gebe mich zu Beginn der Illusion hin, der Weg nach Madang führe ja abwärts, ich könne also bequem durch einen botanischen Garten wandern, um irgendwann einmal anzukommen. So formuliert ist das falsch. Zwar geht es grundsätzlich ins Tal hinunter, aber mit Aufstiegen, die so steil sind, daß sich ein Mensch gerade noch auf dem Pfad halten kann. Will ich innerhalb von zwei Tagen in Madang sein, so wird mir bald klar, muß ich pro Tag stramme acht bis zehn Stunden unterwegs sein – und ich bin ein geübter Marschierer in dieser Art von Gelände.

Dies ist die Gegend der verschollenen Helden und naiven Glaubensverkünder, der Kämpfe um das Christentum und des unbekannten Schicksals vieler Missionare, die voller Illusionen zu den „Wilden" gingen und als verbitterte alte Männer zurückkehrten, weil die Highlander eine zu starke eigene Religion hatten, in der das Christentum nur versickerte. Zu Beginn des Pfades entdecke ich zwei Gräber mit verwitterten, längst unleserlichen Grabkreuzen, und da fällt mir die wie eine Legende von Generation zu Generation weitergereichte Geschichte der beiden hier begrabenen Männer ein:

Es waren Missionare, und sie hatten einen jener unbeugsamen Priester in die Wildnis begleitet, die keine Kompromisse schließen, wenn es um die Rettung der Seelen geht. Er vertrat die „Society of the Divine Word" (die Gesellschaft des Göttlichen Wortes), und als sich ein Häuptling weigerte, in seinem Dorf ein Schulhaus zur Verbreitung der christlichen Lehre zu errichten, lud der Geistliche ein Gewehr durch und erschoß das zahme Schwein des „Headman".

Nun kann man sich in Neuguinea, wenn man's gut begründet, so ziemlich alles erlauben. Ein Schwein allerdings ist heilig, und eins zu erschießen, kommt einem Kapitalverbrechen gleich. Natürlich wußte der Priester das, aber es war seine Absicht, der Dorfgemeinschaft zu zeigen, wer der Stärkere sei, und da war ihm das arme Schwein gerade recht vor die Flinte gekommen. Der Priester verlor jedoch den Kampf um die Macht – die brüskierten Highlander gingen nämlich sofort zum Angriff über. Der Geistliche konnte zwar verletzt entkommen, aber seine beiden Begleiter wurden getötet. Zu Hause werden sie sicher als Märtyrer des Kampfes um den rechten Glauben gelten, hier in Neuguinea erinnert man sich ihrer nur noch als Kriminelle, die grundlos ein Schwein töteten. Und ohne diese Gräber wären sie auf der Insel wahrscheinlich schon völlig vergessen.

Ich weiß, daß ich am ersten Tag versuchen muß, Bundi zu erreichen, einen kleinen Ort, der nach etwa zwei Dritteln der Strecke am Pfad liegt. In Bundi gibt es eine Missionsstation, die eine Lodge betreibt, allerdings kein Essen serviert, zumindest nicht regelmäßig. Auf mehr als eine Tasse Tee darf ich keinesfalls hoffen, hat man mir gesagt.

Es ist ein weiter Weg nach Bundi, und er führt mitten durch den schönsten tropischen Regenwald. Wer sich hier Zeit läßt und seinen Augen und Ohren folgt, hat sogar die Chance, einen Balzbaum der Paradiesvögel zu finden. Ich höre nach ein paar Stunden Marsch das eigenartige Klacken der cognacfarbenen Reggiana-Birds, schleiche mich seitlich in den Dschungel und sehe schließlich etwa ein Dutzend Vögel, acht Männchen und vier Weibchen, die in der Krone eines Baumes hin und her tanzen, sich auch schon mal kopfüber von einem Ast herabhängen lassen und wie aufgezogene Spielzeugtiere mit gespreizten Flügeln und trippelnden Schritten aufeinander zu und voneinander weg laufen. Ein seltenes Bild, und nur hundert Meter vom Pfad entfernt. Die Reggiana-Paradiesvögel werden tiefer in den Wald fliehen müssen, wenn die Straße erst einmal ausgebaut ist und die schweren Lastwagen durch die Kurven ächzen, um sich den Umweg über Goroka und Kainantu zu sparen.

Erster Höhepunkt auf dem Pfad ist der Bundi-Paß, von dem aus der Blick in beide Richtungen fällt: zurück bis fast nach Kundiawa über Gumine hinweg, und auf der anderen Seite bis nach Bundi, den gewundenen Weg entlang. Er schlägt derart enge Kurven, daß man eine Serpentine steil nach unten läuft, und pötzlich den Eindruck hat, oberhalb der Kurve zu stehen, aus der man gerade kam. Ich schätze, daß eine Distanz, für die man eine Stunde braucht und die so etwa drei Kilometer lang sein dürfte, in der Luftlinie nicht länger als hundert bis hundertfünfzig Meter beträgt.

Ein paar Serpentinen hinter dem Paß schaue ich mich immer wieder um, und von einer bestimmten Stelle aus taucht der Gipfel des Mt. Wilhelm so klar und deutlich auf, als steige er eben aus der Insel empor. Ein paar Kurven weiter zeigt sich tief unten das Tal des Ramu-Flusses wie eine grüne Fata Morgana der Fruchtbarkeit.

Ich sehe zwischen dem Bundi-Paß und Bundi keinen einzigen Menschen. Vielleicht haben mich ein paar Highlander beobachtet, die aber im verborgenen blieben. Es ist eine Tour der gesammelten Gedanken, der Erinnerungen. Und ich habe unendlich Zeit, während meine Füße nach dem nächsten freien Tritt suchen, über die Rätsel um die Flugzeugwracks nachzudenken.

Es gibt noch immer viele Mysterien, die heute genauso ungeklärt sind wie damals im Zweiten Weltkrieg. Das liegt zum einen daran, daß gewisse Operationen weiterhin unter

Geheimhaltung fallen, zum anderen sind oft sämtliche Unterlagen verlorengegangen. Jedenfalls gibt es Dinge in den Dschungeln von Neuguinea, auf die sich kein Mensch einen Reim machen kann.

Da ist vor allem das Problem der ungewöhnlichen Markierungen. Wie kann es möglich sein, daß ein Flugzeug zwei verschiedene Zahlenkombinationen trug – auf der linken Seite eine andere als auf der rechten Seite? In Tadji, einem Luftwaffenstützpunkt in der Nähe der nordost-neuguineischen Stadt Aitape, kann man am Rand des Regenwaldes Jäger des Typs P-40B besichtigen, sogenannte „Warhawks", die Markierungen der Niederländisch-Ostindischen Luftwaffe tragen. Erstaunlich genug. Aber – dazu noch die zwölfzackigen blauen Sterne der weißchinesischen Luftwaffe des Generals Tschiangkaischek! Die Holländer waren die Kolonialherren des westlichen Teils von Neuguinea gewesen, und die Anwesenheit ihrer Maschinen auf einem Stützpunkt so weit westlich im östlichen Teil der Insel mag daher erklärbar erscheinen. Aber was bedeutete die Doppelmarkierung? Hatten chinesische Piloten die niederländischen Maschinen als Verbündete der USA und traditionelle Feinde Japans geflogen? Rätsel über Rätsel.

Verwirrend wird es bei einer „Kittyhawk" des gleichen Herstellers, die offiziell unter der Typenbezeichnung P-40E bekannt war. Sie trägt, immer noch deutlich sichtbar, das Kennzeichen der US Air Force. Kein Wunder – aber darüber hat jemand die blauen Sterne von Kuomintang-China gepinselt. Es sind alte amerikanische Maschinen, geliefert an Tschiangkaischek mit der Auflage, sich damit an den Luftkämpfen über dem Pazifik zu beteiligen. Das leuchtet auch noch ein, wenn auch schon mit Mühe. Aber gesteuert wurde diese „Kittyhawk“ von einem Leutnant Robert Warren, und der war US-Amerikaner. Sein Name steht groß und in weißer Farbe neben dem Cockpit-Einstieg. Da muß die Luftwaffe nicht nur eine Maschine an China geliefert haben, sondern auch gleich noch den Piloten!

Ein weiteres Beispiel von kriegerischem Kuddelmuddel: In Vivigani auf der Insel mit dem schönen Namen Goodenough, östlich von Neuguinea im D'Entrecasteaux-Archipel gelegen, steht eine „Spitfire MK.I“, die 1938 an die Royal Air Force geliefert worden war. Als sie fünf Jahre später abgeschossen wurde, flog sie für die australische Luftwaffe. Deutlich sind noch die blauen und roten Markierungen der RAAF zu erkennen. Aber darunter werden allmählich immer deutlicher ein erdbrauner und sandgelber Anstrich sichtbar und die alten Embleme der RAF. Die Maschine muß also, bevor sie im Pazifikraum zum Einsatz kam, in Nordafrika geflogen sein – ein weiter Weg nach Goodenough ...

Eine Version, warum manche Maschinen zwei statt einer Bezeichnung trugen, lieferten nach dem Krieg Geheimdienstspezialisten: Man wollte den Feind verwirren! Vor allem die Australier schienen Meister dieser Vernebelungstaktik gewesen zu sein, und tatsächlich sind es vor allem Maschinen der RAAF, die verdoppelt am Himmel erscheinen. Da gibt es „Kittyhawks“, die auf der einen Seite A29-1210 heißen, auf der anderen Seite A29-448 und A29-1050.

Erst vor kurzem kam man auf die Idee, daß das Durcheinander noch einen weiteren Grund gehabt haben könnte: Auf dem Höhepunkt des Krieges und des damit verbundenen Nachschubmangels hatte man oft aus zwei lädierten eine komplette Maschine gebaut. Damals fügte man einen Flügel schnell dort ein, wo er fehlte und paßte, kümmerte sich nicht um Ziffern und Buchstaben und schickte den Piloten erneut in den Himmel. Hauptsache, die Maschine flog.

Am nächsten Tag wird der Fußmarsch etwas leichter. Es ist dem Pfad anzumerken, daß er häufiger benützt wird als oberhalb der Missionsstation, in der ich übrigens gut geschlafen habe, und allmählich flacht das Gelände ab, um schließlich in die sanfte Ebene überzugehen, durch die der Ramu-Fluß zieht. Noch immer sehe ich keinen Menschen. Ihre Existenz beweisen lediglich die windzerzausten Rauchsäulen der Rodungen, denn nach wie vor wird der Wald hier mit Feuer vernichtet, um Platz und Düngung für die Felder zu schaffen. Diese Wunden der Natur sehen immer wieder furchtbar aus, sind jedoch die schnellste und billigste Art, Kulturland zu schaffen, das die Menschen ernährt.

Mich erinnert dieser Abstieg aus den Highlands in die Küstenebene an einen Marsch durch die Owen-Stanley-Range. Dort im südlichen Ausläufer der Insel, am Black-Cat-Paß, liegt eine Boeing B-17E, eine sogenannte „Flying Fortress". Dieser riesige Bomber mit seinen gigantischen Ausmaßen – Spannweite: 31,62 m; Länge: 22,50 m – flog vom Black-Cat-Paß als „Geisterflugzeug" in den Krieg, und die Rätsel, die ihn umgaben, konnten erst nach Jahren gelöst werden.

Die vermeintliche Geschichte dieser B-17E ist schnell erzählt: Während eines Bombenfluges gegen japanische Stützpunkte in Neuguinea fielen drei der vier Motoren aus; der Pilot versuchte eine verzweifelte Notlandung im Gebirge und schaffte es mit heute kaum nachvollziehbarer Geschicklichkeit, die riesige „Flying Fortress“ auf einer abschüssigen Lichtung zum Stillstand zu bringen. Die neun Insassen überlebten und wähnten sich bereits in Sicherheit, verließen ihre Maschine aber nicht schnell genug, denn zwei Flieger wurden Sekunden später vom Geschützturm erschlagen, der sich bei der Notlandung gelöst hatte und nun ins Innere stürzte.

Zuerst einmal konnte die „Flying Fortress“ keiner Luftwaffe zugeordnet werden. Schlimmer noch – sie war nicht einmal geliefert worden! Sie flog jedoch, mit amerikanischer Besatzung, und so durfte man eigentlich annehmen, sie sei der US Air Force überstellt worden. Die B-17E trug ja auch eine amtliche amerikanische Registrierung: 41-9234. Als die Überlebenden sich jedoch zurückmeldeten und diese Zahlenkombination nannten, brach Staunen aus – die Maschine war nirgends gemeldet! Weder unter dieser noch unter einer anderen Nummer. Die Besatzung hatte einen Bomber geflogen, den es offiziell nicht gab, ein echtes militärisches Geisterflugzeug! Bis sich so nach und nach folgendes herausstellte: Die B-17E war die letzte Maschine gewesen, die Boeing für die britische Royal Air Force hergestellt hatte. Britisches Kennzeichen: FL 461. Aber gerade als der Bomber zur Verschiffung oder zum Start (so genau ist das heute nicht mehr feststellbar) im kalifornischen San Diego klargemacht wurde, überfielen die Japaner Pearl Harbor. Sofort requirierten die Amerikaner die britische Maschine, pinselten eiligst irgendeine Nummer darauf, vergaßen sie in ein Verzeichnis einzutragen, stellten eine Mannschaft zusammen und schickten sie über den Pazifik...

Auf dem Pfad begegnen mir die ersten Menschen. Sie tragen Emailschüsseln voller Yamswurzeln auf dem Kopf. Die Männer sind mit eleganten schwarzen Regenschirmen ausgestattet, die eher in die Londoner City passen als nach Papua-Neuguinea.

In ein paar Stunden werde ich in Brahmin sein, das bereits in der Nähe des Highland Highway, der großen Straße nach Madang, liegt.

Es kommt wohl nicht sehr häufig vor, daß ein „Dim-Dim" zu Fuß aus den Bergen hinabsteigt, und nach der ersten Überraschung verwickeln mich die Leute, denen ich begegne, in aufgeregte Gespräche. Ob ich Missionar sei, will einer wissen. Eine ältere Dame fragt, ob ich wisse, daß ein paar Kilometer weiter unten Straßenbauarbeiten im Gange seien? Ein Mann trägt eine einfache, aber weit tönende Maultrommel mit sich, setzt sie an die Lippen, läßt die Saiten schnappen, und überraschend schön klingt eine Melodie ins Tal, die sich wie „Doing, doing, ding, ding, dong, dong" anhört.

Es ist ein simples Instrument, geschnitzt aus einem etwa zwanzig Zentimeter langen und fünf Zentimeter breiten und gewölbten Stück Bambus. Mit einem feinen Messer hat der Musikus haardünne Schlitze in das Instrument geschnitzt. Die dabei entstandenen Fasern dienen als Saiten, und gespielt wird mit einem abgespleißten Stück Bambus, das der Mann mit einem Daumen bewegt, während er die Maultrommel zwischen beiden Händen hält. Umgerechnet zwei Mark verlangt er für das Kunstwerk, und ich handle nicht lange, gebe ihm den Betrag und besitze nun ein Instrument, das ich mühsam spiele, wann immer ich mich an dieses fruchtbare Tal erinnern möchte. Das endet jedoch jäh, denn mit atemberaubender Geschwindigkeit arbeiten sich die Straßenbauer aus der Ebene ins Gebirge vor.

Die Straße von Brahmin nach Madang

Brahmin liegt rund 15 Kilometer vom Highway entfernt, ist jedoch durch öffentlichen Busverkehr mit Madang verbunden. Ingenieure schlagen sich mit der Konstruktion einer hochmodernen Brücke über den Ramu-Fluß herum, während der Fährmann, der hier seit Generationen vom Transport der Passanten gelebt hat, die letzten Ruderfahrten übernimmt.

Fünf Mark kostet mich die aufregende, wunderschöne Fahrt von Brahmin nach Madang. Die Straße steigt noch einmal hoch ins Finisterre-Gebirge. Der kleine Bus muß zweimal durch Furten mit reißendem Wasser, was schlimmer aussieht, als es in Wirklichkeit ist, und am Abend bin ich in Madang. Zwei Kilo habe ich verloren in den vergangenen zwei Tagen, zweiundzwanzig Stunden bin ich zu Fuß gelaufen und habe noch einen Zipfel vom alten Papua-Neuguinea erhaschen können. Irgendwo in der Abenddämmerung steht der Mount Wilhelm und ist so weit weg wie der Everest oder das Matterhorn.

Nach dem Hochland die Küste, nach den Bergen der Ozean. Ich will mich jetzt an die Küste begeben, um zu sehen, was das Meer an Wracks zu bieten hat. Und so treffe ich den unverwüstlichen Bob Halstead, der vom Ozean mehr versteht als die meisten Meeresexperten.

Wracks unter Wasser

Es ist einleuchtend, daß es in einem Gebiet, das zu neun Zehntel aus Wasser und nur zu einem Zehntel aus Land besteht, mehr Wracks im Meer zu finden sein müssen als in den Dschungeln und Sümpfen. Ich hatte mir vorgenommen, wenigstens eins dieser Unterwasser-Überbleibsel des Zweiten Weltkriegs zu besichtigen. Auch das geht wiederum am besten von Madang aus, denn dort wurde 1982 das Wrack eines Mitchell-B-25-Bombers gefunden.

Der Bomber erhielt 1943 einen Volltreffer und verlor einen Motor. Die Crew blieb jedoch unverletzt, und der Pilot steuerte die schwerstens angeschlagene Maschine noch bis nach Madang. Für den etwas im Inland gelegenen Flughafen reichte es aber nicht mehr, und die Mitchell stürzte vor der Küste ins Meer. Unglaublich, aber wahr – die Crew überlebte auch das unverletzt! Sie konnte aus der Maschine klettern und zur Insel Bagabag hinüberschwimmen, die etwa fünfzig Kilometer von Madang entfernt liegt und etwa zwei Kilometer vom Fundort des Bombers, der versank, während sich die Crew rettete.

Aber die Japaner hatten den Absturz beobachtet. Heute vermutet man, daß es ein einheimischer Kollaborateur war, der ihnen den Tip gab, daß die Mannschaft sich auf Bagabag verbarg. Jedenfalls setzten die Japaner auf die Insel über und erschossen alle bis auf den Piloten ohne Standgericht oder Urteil an Ort und Stelle. Den Piloten nahmen sie mit aufs Festland, verhörten und enthaupteten anschließend den unglücklichen Amerikaner, nachdem er einen Volltreffer und einen Absturz überlebt hatte...

Der Bomber liegt in nur etwa sechzehn Meter Tiefe, aber so schräg, daß der eine Flügel sechs Meter höher ist als der andere. Der Zustand der Maschine ist exzellent, und sie ist komplett mit allen Maschinengewehren und Cockpit-Instrumenten. Sogar die Munitionskisten befinden sich noch an Bord.

Gerry Rowland ist der Chef des „Melanesian Dive Center" in Madang und der Entdecker des Bombers. Aber er verrät nur ungern, wo sein Fund liegt. Man kann bei ihm zwar einen Tauchschnellkurs und einen Ausflug nach Bagabag für umgerechnet zweihundert Mark buchen – aber die genaue Lage des Wracks nach Koordinaten gibt er nicht preis. Rowland sagt, die Einheimischen wollen das nicht. Sie hätten Angst, daß Souvenirsammler kommen und das Wrack ausschlachten. Sie wollten nicht, daß man die Ruhe dieses Sarges stört. Er habe eine Sondergenehmigung, für die er bezahlen müsse.

Irgendwie hat es sich herumgesprochen, daß ich ein Buch schreiben will über Wracks, und das paßt den Wächtern des Wracks überhaupt nicht. Sie haben Angst, ich könnte die genaue Lage ihres Schatzes verraten, und dann würden noch mehr kommen und ihn besichtigen wollen. Sie verbieten ganz einfach, daß Rowland mich mitnimmt, und er will es nicht riskieren, gegen dieses kategorische Nein zu verstoßen.

„Sorry", sagt er und zuckt mit seinen muskulösen Taucherschultern. „Tut's auch eine ‚Cobra', Sir?" Es sei eine „brandneue" Maschine, die erst 1983 entdeckt wurde, und zwar erstaunlicherweise mitten in der Bay von Madang.

Anfangs kann ich mit dem Namen „Cobra" nichts anfangen, bis mir klar wird, daß der australische Tauchlehrer eine Bell P-

39D „Airacobra" meint, von denen man an Land jeweils eine in der Nähe von Goroka in den Eastern Highlands, auf der bei Pitcairn mitten im Pazifik gelegenen Insel Henderson, beim Flughafen von Rogers, auf der Insel Woodlark südöstlich der Trobriand-Inseln und auf dem Airstrip von Tsilitsili in der Provinz Morobe sehen kann. Aber nirgendwo so schön auf dem Präsentierteller wie hier in der Bay von Madang in dreißig Metern Tiefe. Natürlich möchte ich sie sehen.

An manchen Tagen, versichert mir Rowland, ist das Wasser so ruhig und klar, daß man die Umrisse der „Airacobra" schon aus dem Boot erkennen kann, natürlich noch viel besser, wenn man die Taucherbrille aufsetzt und über ihr herumschnorchelt.

Doch für einen Ungeübten wie mich ist diese Maschine unter Wasser unheimlich, beklemmend. Wirkt ein gut erhaltenes Wrack, wenn ich es in der Stille des Urwaldes betrete, wie eine Kathedrale auf mich, so habe ich unter Wasser den Eindruck, ein grünlichblaues, nur in den Umrissen zu erkennendes Mausoleum einer versunkenen Kultur zu sehen oder eine Flugmaschine aus einem Weltraumgeschwader. Korallen haben sich längst des Fremdkörpers bemächtigt, sie versuchen ihn zu verschlucken um ihn dem Meeresgrund ähnlicher zu machen.

Als ich aus Rowlands kleinem Motorboot springe und über der Fundstelle der „Airacobra" herumschnorchle, liegt die Maschine deutlich sichtbar unter mir in der Tiefe. Und plötzlich fällt mir ein, wo ich diese Szene so ähnlich schon einmal gesehen habe: Im Film „Alien", als die Astronauten auf dem geheimnisvollen Planeten, der seine Rufzeichen in den Weltraum piepst, landen und eine versteinerte Raumstation entdekken, das Fossil ihrer Vorgänger. Genauso beängstigend und fremdartig liegt der Fighter nun unter mir auf dem Grund der Bay von Madang.

Ich habe mein Unterwasser-Wrack gesehen und lasse es dabei bewenden. Aber Gerry Rowland besitzt eine wunderbare Sammlung von Aufnahmen anderer Flugzeuge, die auf dem Meeresboden liegen, und wenn schon Schiffswracks faszinierend sind, so sind es die von Flugzeugen erst recht. Denn sie gehören noch weniger dorthin. Wir stöbern in seiner Sammlung, und ich entdecke einen riesigen Pilz. Wie eine schlanke Morchel von fünf Meter Länge sieht das aus. Ein Pilz mit gespreizten Beinen, denke ich. Aber es ist der abgerissene Schwanz mit zwei Flügelstummeln einer „Sally" des japanischen Heeres, einer Mitsubishi Ki 21-IIB also.

Manche Fotos zeigen Flugzeuge in einem fast unerklärlichen Zustand – sie besitzen zum Beispiel keine Flügel mehr! Das ist der Fall bei einem japanischen Flugboot, einer Aichi E13A1, das als Aufklärer eingesetzt wurde. Nur das Cockpit und der vordere Teil des Rumpfes mit dem Motor sind noch zu erkennen; der Schwanz der Maschine ist im Sand versunken und in einen Korallenblock eingewachsen, und Schwärme von Fischen umtanzen das Wrack. Erst eine mühsame Recherche lieferte die Erklärung, warum die Aichi keine Flügel mehr hat: Sie stand an Land und sollte gründlich überholt werden. Mechaniker hatten gerade die Flügel abmontiert, als ein Sturm aufkam und die Maschine ins Meer warf...

Es sind sauber erhaltene Maschinen, die da im Pazifik liegen. Die meisten befinden sich in einem weit besseren Zustand als die Wracks an Land, zumindest sind sie kompletter. Der Ozean wäre folglich eine Fundgrube für Sammler und Museen. Dennoch wird kaum eine dieser Maschinen geborgen. Den

Grund erklärt der australische Wrack-Spezialist David Holdsworth, Verfasser eines kleinen Bändchens über sein Hobby, das den Titel „Pacific War Images" trägt:

„Maschinen, die aus dem Meer geholt werden, zerfallen sehr schnell", sagt der Australier. „Man kann sie nur dann retten, wenn man Unmengen von Süßwasser zur Verfügung hat, um die Wracks an Land immer und immer wieder zu waschen. Es gibt jedoch kaum eine pazifische Insel, die dazu über genügend Süßwasser verfügt. Zumindest nicht über so viel, um es den Menschen vorzuenthalten und Wracks damit zu säubern." Damit ist es aber noch nicht getan. Nach dem Waschen empfiehlt es sich dringend, das Wrack in Dieselöl zu tauchen, besser noch, in einem Tank voll Dieselöl zu transportieren, was natürlich sehr kostspielig ist. Einmal am Zielort angekommen, müssen die Maschinen aus dem Meer völlig auseinandergenommen werden. Jede Schraube, jede Mutter, jede Leiste muß sorgfältig gereinigt werden, jedes Einzelteil des Flugzeugs kommt in ein chemisches Reinigungsbad, um die Spuren des Salzwassers und dessen, was es bewirkt hat, zu beseitigen. „Das kostet Tausende von Dollar", weiß Holdsworth, „ganz zu schweigen von den Bergungskosten vor Ort." Um das japanische Flugboot aus den Gewässern von New Britain zu holen, so schätzt er, müßte ein Museum rund 100 000 Dollar anlegen. Und dafür lohnt es sich einfach nicht. Da läßt man das Wrack lieber, wo es ist, und fliegt alle paar Jahre zum Besichtigen ...

Wo man welche Wracks findet

Eine ganze Reihe von Museen und Privatflotten haben sich schon früh der noch restaurierbaren Maschinen bemächtigt, was gleich nach dem Krieg noch möglich war. Inzwischen hat die Regierung von Papua-Neuguinea die Wracks zu „National Monuments“ erklärt, und wer heute eine „Flying Fortress“ oder eine „Betty“ abtransportieren möchte, braucht dazu eine Genehmigung von Port Moresby.

Ein paar schöne Maschinen stehen in Gordon, einem Stadtteil von Port Moresby, in dem die Kriegsabteilung des Nationalmuseums untergebracht ist, und im eigentlichen Nationalmuseum, in Waigani, finden regelmäßig Ausstellungen mit guten Fundstücken statt.

Maschinen aus Neuguinea sind inzwischen über die ganze Welt verstreut – und dann meist wieder da gelandet, wo sie ursprünglich einmal herkamen.

Eine komplette, bestens erhaltene „Zeke“ wurde im August 1972 aus dem Hafenbecken von Rabaul geborgen, in Melbourne (Australien) restauriert und dann nach Tokio verschifft. Dort steht die Mitsubishi A6M3, gestrichen wie zu Kriegszeiten, im Wissenschaftlichen Museum. Der Zweisitzer mit der roten Nase diente den Japanern als Transportflugzeug für höhere Offiziere und verschlüsselte Nachrichten und stürzte Ende 1944 ab, als der Pilot übersah, daß kein Treibstoff mehr im Tank war.

Bei Luftshows in Japan taucht immer wieder eine Mitsubishi A6M5, Typ 52, auf. Es ist eine von drei überlebenden Maschinen dieser Bauart und fliegt trotz eines für Kampfflugzeuge biblischen Alters von sechsundvierzig Jahren ohne jede Probleme. Allerdings lag die Maschine nicht angeschossen und abgestürzt im Dschungel, sondern stand geparkt auf einem Flugfeld in Saipan und wurde im Juni 1944 von der amerikanischen Armee übernommen, zusammen mit 14 „Zeke" übrigens. Eine mit der Bezeichnung 6H20 wurde nach Kriegsende auf einem Flugzeugträger nach Kalifornien gebracht und ist heute der Star in Ed Moloneys fliegendem Museum „Planes of Fame".

Gleich nach dem Waffenstillstand benützten einige clevere Dorfhäuptlinge die Gelegenheit, um mit gut erhaltenen oder seltenen Wracks Geschäfte zu machen, die der ganzen Dorfgemeinschaft zugute kamen. So gelangte eine A-20G „Havoc", die in Nadzab einen Bombentreffer am Boden erhalten hatte, in die USA, und der Betrag, den der geschäftstüchtige Chief ausgehandelt hatte, reichte hin, um die Steuern seines Dorfes für ein ganzes Jahr zu bezahlen. Zusammen mit einer P-40N „Kittyhawk" fliegt die „Havoc" heute in Luftshows mit und steht in einem amerikanischen Museum, das sich „Yesterday's Air Force" nennt.

In Point Cook (Bundesstaat Victoria) hat die australische Luftwaffe ein Museum eingerichtet, und wer nicht durch Urwald und Sümpfe kriechen möchte, kann dort ein paar gut erhaltene Maschinen besichtigen. Zum Beispiel eine „Zeke", die aus Gasmata stammt und dem berüchtigtsten Geschwader der Japaner angehörte, dem Tainan Air Corps.

Abenteuerlustige Sammler werden sich eine interessante Dschungel-Expedition kaum ausreden lassen, die jedoch in Goroka hinter dem kleinen Museum beginnen sollte. Dort steht ein amerikanischer Jäger aufgebockt auf einem mannshohen Metallmast, sieht fast neu aus und trägt die unter Sammlern so begehrten Aufschriften – immer noch gut lesbar. Ein Lt. P. W. Rogers flog den Vogel, der so klein ist, daß man kaum glauben kann, daß damit zwei Mann gen Japan starten konnten.

Es waren furchtbare Schlachten, die im Pazifik geschlagen wurden. Verlustreiche, sinnlose Stellungskämpfe, und Pardon gab es auf keiner Seite. Und dennoch kam es, vor allem gegen Ende der Kämpfe, manchmal zu unerwarteten galanten Handlungen – ein Glück für Museumsdirektoren und ein paar seltene Maschinen.

Als Japan kapitulierte, ergaben sich in Rabaul auf New Britain die Piloten einer „Zeke", einer „Kate" und einer „Dinah" der US-Armee. Sie erbaten sich aber eine Gnade, nämlich noch einmal starten zu dürfen, um sich – mehr standesgemäß – einer amerikanischen Luftwaffeneinheit zu ergeben. Die Air Force, auch wenn feindlich, ergibt sich eben nur einer Air Force. Die Amerikaner sahen das ein, und eine neuseeländische Staffel von „Corsairs" eskortierte die drei Japaner nach Jacquinot Bay im Süden von New Britain. So gerieten drei Flugzeuge des Feindes komplett und unbeschädigt in die Hände der Alliierten.

Die „Zeke" (Nummer 3844) warf später ein amerikanischer Pilot, der sie mal fliegen wollte, in den Dschungel. Er selbst konnte gerade noch am Fallschirm aussteigen. Dort in der

Nähe von Jacquinot Bay liegt sie heute noch und kann besichtigt werden, allerdings ist so wenig von ihr übrig, daß ich sie in der folgenden Liste nicht aufführe.

Die „Dinah" (obwohl noch eine andere in Jacquinot Bay steht) wurde von Ersatzteilsammlern auseinandergenommen und bis auf die letzte Schraube verwertet.

Die „Kate" steht heute noch mehr oder weniger so da, wie der Japaner sie zum letzten Mal aufsetzte. Sie ist fast komplett und leicht zu besichtigen, da sie immer noch auf dem ehemaligen Flugplatz auf Besucher wartet.

Immer wieder werden bisher unbekannte Wracks gefunden. In der folgenden Liste (Seite 204–209) die ich Charles Darby und seinem ausgezeichneten Buch „Pacific Aircraft Wrecks" verdanke, sind 140 Flugzeuge nach ihren Fundorten bezeichnet. Nur die Typen Douglas C-47A und C-47B „Dakota" fehlen, denn man findet sie buchstäblich überall, und ich hätte mindestens 72 Städte, Flüsse, Buchten und Berge angeben müssen.

Wer wirklich genau wissen möchte, wo eines dieser gut erhaltenen „Arbeitspferde" des Zweiten Weltkriegs liegt, muß nach Finschhafen fahren, östlich von Lae, und irgendeinen Jungen fragen. Da liegt der riesige Rumpf, malerisch eingewachsen von Efeu und Palmen, in den Büschen vor der Stadt. Die „Dakota" ragt schräg auf wie ein Raumschiff auf der Abschußrampe, und man kann in den rostroten Bauch mit den sechs Fenstern und der Tür auf jeder Seite hineinklettern.

Die Wrack-Liste auf den Seiten 204–209 ist nur ein kleiner Auszug aus dem „Katalog" gestrandeter Maschinen auf Papua-Neuguinea – und ich bitte schon jetzt alle Luftwaffen-Spezialisten um Verzeihung für Fehler, die mir als Nichtfachmann bei den Bezeichnungen unterlaufen sind.

Ein paar Ortsangaben fehlen in der Karte, weil sie entweder zu weit entfernt auf winzigen Inseln in der Salomonen-See liegen oder an einigen Stellen wegen der Fülle von Namen nicht eingesetzt werden konnten. Weil Neuguinea aus zwei Staaten besteht (Indonesien und Papua-Neuguinea), aber *eine* Insel ist, habe ich in der Aufstellung auch Babo und Sentani vermerkt. Babo liegt ganz im Westen von Irian Jaya, kann aber allein sechs Wracks aufweisen, darunter eine seltene D4Y1 „Judy". Sentani befindet sich an der Nordküste nahe der Grenze nach Papua-Neuguinea.

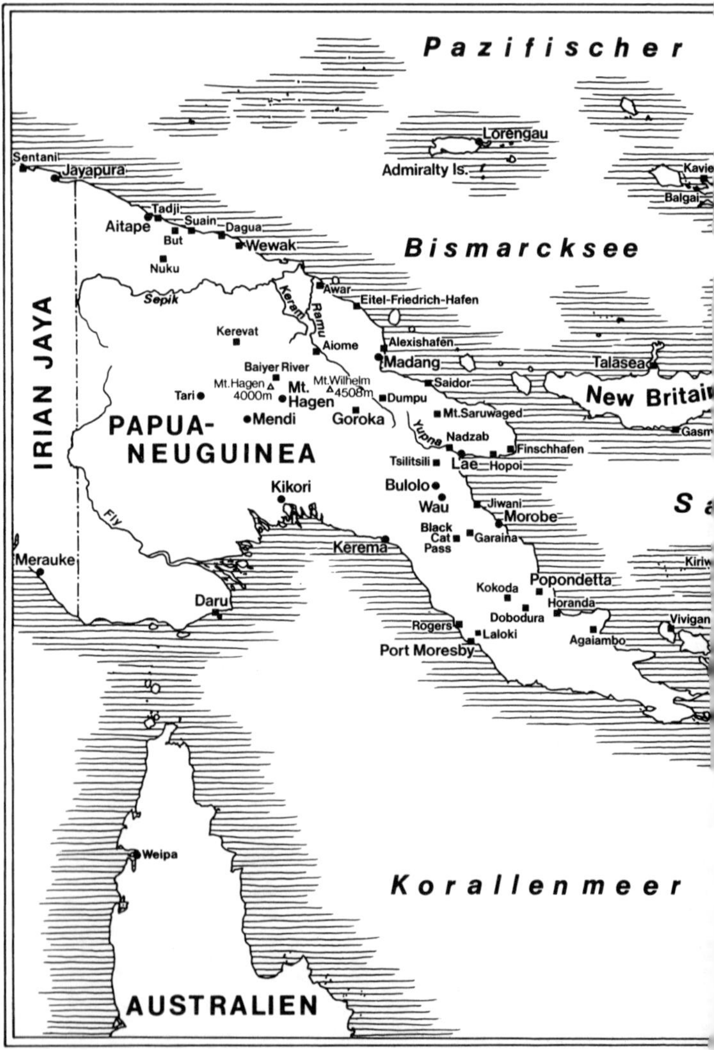
Pazifischer
Lorengau
Admiralty Is.
Kavie
Balgai
Sentani
Jayapura
Tadji
Aitape
Suain
Dagua
But
Wewak
Bismarcksee
Nuku
Sepik
Keram
Awar
Eitel-Friedrich-Hafen
Ramu
IRIAN JAYA
Kerevat
Aiome
Alexishafen
Madang
Talasea
Baiyer River
Saidor
New Britai
Mt.Hagen 4000m
Mt. Hagen
Mt.Wilhelm 4508m
Tari
Dumpu
Mendi
Goroka
Mt.Saruwaged
Gasm
PAPUA-NEUGUINEA
Yupna
Nadzab
Finschhafen
Tsilitsili
Lae
Hopoi
Kikori
Bulolo
Wau
Jiwani
Morobe
Fly
Black Cat Pass
Garaina
Kerema
Merauke
Kiriw
Popondetta
Kokoda
Horanda
Daru
Dobodura
Vivigan
Rogers
Laloki
Agaiambo
Port Moresby
Weipa
Korallenmeer
AUSTRALIEN

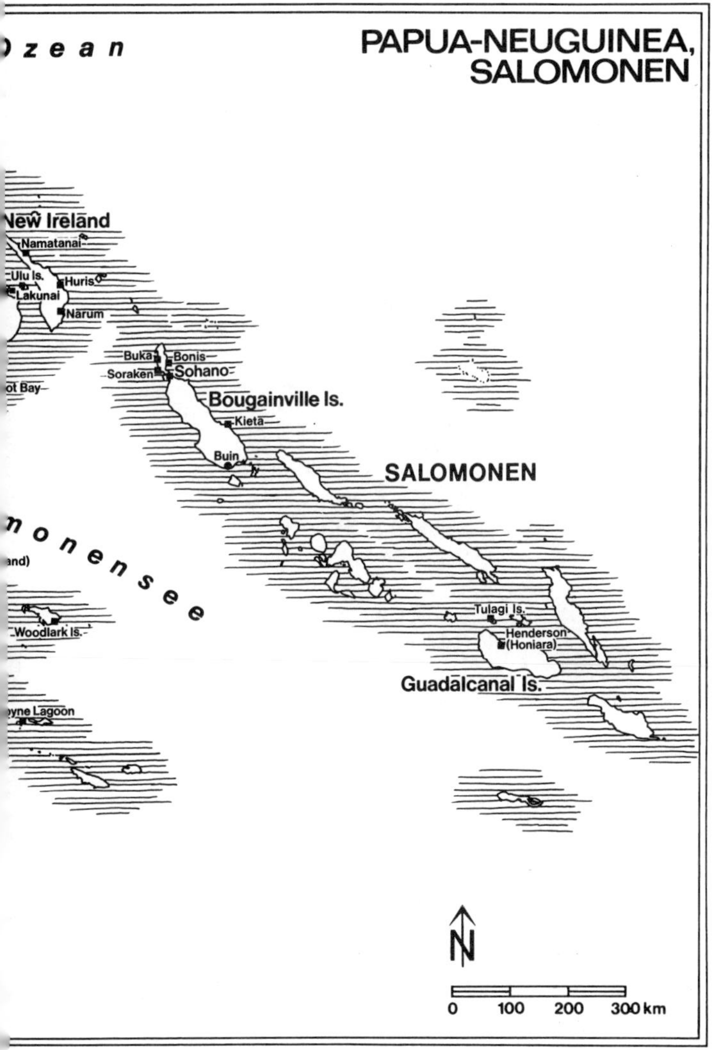

PAPUA-NEUGUINEA,
SALOMONEN
zean
New Ireland
Namatanai
Ulu Is.
Huris
Lakunai
Narum
Buka
Bonis
Soraken
Sohano
ot Bay
Bougainville Is.
Kieta
Buin
SALOMONEN
monensee
and)
Woodlark Is.
Tulagi Is.
Henderson
(Honiara)
Guadalcanal Is.
yne Lagoon
N
0
100
200
300 km

Die wichtigsten Flugzeugwracks in Papua-Neuguinea und Irian Jaya

Agaiambo-Sümpfe	Boeing B-17E „Flying Fortress" P-70
Aiome	P-70
Alexishafen	Kawasaki Ki 48-11 „Lily" Kawasaki Ki 61-1 „Tony" Mitsubishi Ki 21-11 „Sally" Mitsubishi Ki 46-11 „Dinah" Mitsubishi Ki 51 „Sonia" Nakajima Ki 43-11 „Oscar" Nakajima Ki 49-11 „Helen" Vultee RA 31A „Vengeance"
Awar	Nakajima Ki 43-1 „Oscar" Nakajima Ki 49-11 „Helen"
Babo (Irian Jaya)	Kawasaki Ki 48-11 „Lily" Kawasaki Ki 61-1 „Tony" Mitsubishi G4M1 „Betty" Mitsubishi A6M3 „Zeke" Mitsubishi Ki 51 „Sonia" Yokosuka D4Y1 „Judy"
Baiyer River	Junkers Ju 52/3m
Balgai	Mitsubishi G4M1 „Betty"
Black-Cat-Paß	Boeing B-17 E „Flying Fortress"

Bonis	Chance F4U-1 „Vought Corsair" Douglas SBD-3 „Dauntless" Grumman F6F-3 „Hellcat" Mitsubishi G4M1 „Betty"
Buka	Mitsubishi G4M1 „Betty"
But	Mitsubishi Ki 46-11 „Dinah" Mitsubishi Ki 51 „Sonia"
Dagua	Kawasaki Ki 48-11 „Lily" Nakajima Ki 49-11 „Helen" North American P-51D „Mustang"
Daru	Lockheed P-38G „Lightning"
De Boyne Lagoon	Mitsubishi F1M2 „Pete"
Dobodura	Republic P-47 D „Thunderbolt"
Dumpu	Lockheed F-4
Eitel-Friedrich-Hafen	Nakajima Ki 43-11 „Oscar"
Finschhafen	P-70 Douglas YA-26 „Invader"
Garaina	Avro I „Anson"
Gasmata	Aichi D3A2 „Val" Mitsubishi G3M2 „Nell" Mitsubishi A6M3 „Zeke" Mitsubishi Ki 46-11 „Dinah"
Goroka	Bell P-39 D „Airacobra"

Guadalcanal	Grumman F4F-4 „Wildcat“
Henderson (Honiara)	Bell P-39 Q „Airacobra“ Grumman TBF-1 „Avenger“ Lockheed PV-1 „Ventura“
Hopoi	Consolidated OA-10A „Catalina“ Douglas SBD-3 „Dauntless“
Horanda	Consolidated F-7 North American PBJ-1D
Huris	Kawasaki Ki 61-11 „Tony“ Mitsubishi G4M1 „Betty“
Jacquinot Bay	Aichi E13A1 „Jake“ Commonwealth CA5 „Wirraway“ Lockheed PV-1 „Ventura“ Mitsubishi Ki 46-11 „Dinah“ Nakajima B5N2 „Kate“ North American PBJ-1D
Jiwina	Mitsubishi A6M2 „Zeke“
Kavieng	Aichi E13A1 „Jake“
Keram River	North American B-25C „Mitchell“
Kerevat	Aichi D3A2 „Val“
Kieta	Mitsubishi F1M2 „Pete“
Kiriwina	Lockheed P-38H „Lightning“ Martin B-26 „Marauder“ Supermarine Vc „Spitfire“ Vultee RA 31A „Vengeance“

Kokoda	Curtiss P-40E „Kittyhawk"
Lakunai	Mitsubishi Ki 21-11 „Sally"
Laloki River	Boeing F-9 Short „Sunderland"
Mount Saruwaged	Curtiss C-46 „Commando"
Nadzab	Commonwealth CA6 „Wackett" Commonwealth CA13 „Boomerang" Consolidated B-24 D „Liberator" North American P-51 D „Mustang" Republic P-47C „Thunderbolt" Vultee BT-13 „Valiant" Vultee CG-4A „Hadrian" Simson L-5 „Sentinel"
Namatanai	Lockheed PV-1 „Ventura"
Narum	Kawasaki Ki 61-11 „Tony"
Nuku	Kawasaki Ki 61-1 „Tony"
Popondetta	Curtiss P-40 E „Kittyhawk"
Port Moresby	Avro I „Anson" Commonwealth CA 5 „Wirraway" Consolidated F-7 Consolidated OA-10A „Catalina" Douglas A-20G „Boston" Lockheed F-5 North American PBJ-1D Republic P-47D „Thunderbolt" Supermarine „Sea Otter"

Rabaul	Kawanishi H6K4 „Mavis“ Kawanishi H8K2 „Emily“ Mitsubishi A6M3 „Zeke“ Nakajima J1N1-C „Irving“ Yokosuka D4Y1 „Judy“
Ramu	Lockheed P-38D „Lightning“
Rogers	Bell P-39D „Airacobra“ North American PBJ-1D
Saidor	Douglas A-20C „Boston“ North American B-25H „Mitchell“ Sentani
Sentani (Irian Jaya)	Mitsubishi A6M2 „Zeke“
Sepik Plains	Consolidated B-24D „Liberator“ Republic P-47C „Thunderbolt“
Sohano	Mitsubishi F1M2 „Pete“
Sohano Channel	Aichi E13A1 „Jake“
Soraken	Chance F4U-1 „Vought Corsair“
Suain	Bristol V „Beaufort“ Nakajima Ki 49-11 „Helen“
Tadji	Avro I „Anson“ Beech UC-43 Boeing B-17F „Flying Fortress“ Bristol V „Beaufort“ Bristol VI „Beaufighter“ Curtiss P-40N „Kittyhawk“ De Havilland DH82A „Tiger Moth“ Nakajima Ki 43-1 „Oscar“

Talasea	Lockheed PV-1 „Ventura“ North American B-25G „Mitchell“
Tsilitsili	Bell P-39N „Airacobra“
Tulagi	Kawanishi H6K4 „Mavis“
Ulu Island	Chance F4U-1 „Vought Corsair“
Vivigani	Bristol VIII „Beaufort“ Bristol VI „Beaufighter“ Commonwealth CA19 „Boomerang“ Supermarine Vc „Spitfire“
Vunakanau	Commonwealth CA5 „Wirraway“
Wewak	Fairey IIIF Kawasaki Ki 48-11 „Lily“ Kawasaki Ki 61-1 „Tony“ Nakajima Ki 43-11 „Oscar“
Woodlark	Bell P-39K „Airacobra“ Lockheed RA-28A „Hudson“
Yupna River	Nakajima Ki 49-11 „Helen“

Reisetips

(Stand: Juni 1987)

Anreise

Port Moresby, die Hauptstadt Papua-Neuguineas, wird von zwei Fluglinien angeflogen: von der ziemlich teuren nationalen Fluglinie *Air Niugini* und von der australischen Fluglinie *Qantas.*

Die Air Niugini fliegt ab Hongkong oder Singapur.

Den Flugverkehr ab Australien übernehmen beide Luftfahrtgesellschaften ab Sydney, Brisbane oder Cairns.

Quantas bietet einen Direktflug ab London via Singapur. Ab Deutschland fliegt man mit Quantas ab ca. 3700 DM.

Reisen im Land

Papua-Neuguinea verfügt über ein weitverzweigtes System von Inlandsflugverbindungen. Die Flugzeuge sind oftmals nicht übermäßig komfortabel, da die Flugverbindungen in diesem an Straßen recht armen Land in erster Linie der Versorgung mit Gütern dienen. Leider sind sie trotzdem teuer. Bei Vorzeigen eines Studentenausweises erhält man manchmal 25 % Rabatt.

Straßen sind sehr rar, weil sie wegen der heftigen Regenfälle sehr schwer instand zu halten sind. Die wenigen vorhandenen

Straßen sollte man jedoch aus Gründen ihrer Einmaligkeit und um des Abenteuers willen ausnützen, wenngleich auch Mietwagen nicht billig sind.

Die Hafenstadt Madang ist der Ausgangspunkt für Touren nach Alexishafen, und die Stadt ist so angenehm, daß man nicht darauf verzichten sollte, länger dort zu wohnen. Madang bietet das Meer zum Baden und Tauchen, eine Kolonie Fliegender Hunde und einen bunten Markt. Außerdem kann man den interessanten deutschen Friedhof aus der Kolonialzeit besuchen.

Die Fahrt von hier nach Alexishafen dauert selbst mit Zwischenaufenthalten kaum länger als eine halbe Stunde. Es sind 21 km bis zur ersten Missionsstation und noch einmal drei Kilometer bis zum College Saint Fidelis.

Eine größere Tour auf dem Highland-Highway, für die man mit Pausen zum Fotografieren und Genießen wenigstens drei Tage einkalkulieren sollte, ist die Strecke Lae–Goroka–Mount Hagen–Mendi–Tari. Die eindrucksvolle Hochgebirgsstraße führt über Pässe auf eine Erhebung von 4026 m.

Eine andere interessante Straßenstrecke ist die von Port Moresby nach Nordosten zu den Ronna Falls, den Wasserfällen des Flusses Lakoki und zum Variarata National Park.

In der Provinz Morobe ist die schönste Straße die von Lae nach Wua. Eine kürzere, auch sehr schöne Strecke ist die von Madang an der Küste entlang nach Gogia.

Zwischen den größeren Küstenstädten verkehren Frachtschiffe. Man muß sich erkundigen, welche von ihnen Passagiere transportieren. Sie sind eine der günstigeren Möglichkeiten, sich in Papua-Neuguinea fortzubewegen. Auf diesen Schiffen muß man sich auf längeren Reisen häufig selbst verköstigen und könnte auch auf den eigenen Schlafsack angewiesen sein.

Billige öffentliche Verkehrsmittel stellen die PMVs, die *Public Motor Vehicles,* dar, von denen es recht viele gibt. Manche verkehren nach Plan, andere sind nur unregelmäßig unterwegs. Ihre Form variiert vom gewöhnlichen Pkw über Minibus bis zum Kleintransporter. Um mitgenommen zu werden, hebt man einfach die Hand und nennt beim Einsteigen sein Fahrtziel. Bezahlt wird beim Aussteigen.

Wenn man auf eigene Faust unterwegs ist, sollte man jedoch nicht darauf verzichten, sich über das Angebot folgender Agenturen im Lande zu informieren, da sie Touren zu Orten anbieten, die allein nur schwer erreichbar sind:

Trans Niugini Tours, Box 371, Mount Hagen

Air Niugini Tours, Box 7186, Boroko.

Eine Fahrt auf dem Sepik-Fluß ist für viele ein unvergeßliches Abenteuer. Sie wird organisiert von den:

Melanesian Tourist Services, Box 707, Madang.

Die deutsche Kontaktadresse ist:

Melanesian Tourist Services
Alt Schwanheim 50
D-6000 Frankfurt a. M. 71
Tel.: (0 69) 35 66 67, Telex: 4 18 96 61

Abenteuerlicher wird es, wenn man auch diese Fahrt alleine organisiert. Dazu mietet man sich ein Motorkanu mit Führer. Bei diesen Touren muß man in erster Linie der Insektenplage tapfer begegnen, d. h. sich ausreichend mit Insektenschutzmitteln und Moskitonetz ausrüsten!

Unterkunft

Auch in bezug auf Übernachtungsmöglichkeiten ist Papua-Neuguinea kein billiges Reiseland. In den größeren Städten gibt es Hotels, die dem europäischen Standard entsprechen, aber relativ teuer sind. Dennoch sind sie leicht ausgebucht, und Reservierungen lohnen sich in jedem Fall. In kleineren Städten sind Hotels, so überhaupt vorhanden, meist einfacher. In abgelegenen Dörfern gibt es oft eine leerstehende Hütte, die als Besucherhütte dient. Wenn man beim Häuptling fragt, kann man sie oftmals als Übernachtungsmöglichkeit benutzen. Dann ergibt sich allerdings das Problem, daß man auch für seine Bettstatt und Verköstigung selber sorgen muß.

Nahrungsmittel kann man zumeist billig von den Dorfbewohnern erwerben, doch muß man sich dann mit der einfachen Kost zufriedengeben, von der die Bevölkerung selbst lebt.

Wenn man Glück hat, so bietet einem ein Missionar oder ein Entwicklungshelfer eine Übernachtungsmöglichkeit an. Damit rechnen kann man aber nicht.

Wichtige Adressen

Botschaft von Papua-Neuguinea in der BRD:
Papua New Guinea Embassy
Gotenstr. 163
5300 Bonn 2
Tel.: (02 28) 37 68 55

Reisende aus der Schweiz oder aus Österreich können über die offiziellen Vertretungen von Australien Verbindungen zu

Papua-Neuguinea aufnehmen oder aber über:

Papua New Guinea High Commission
14, Waterloo Place
London SW 1 UK
Tel. 9 30 09 22

oder über:

Embassy of Papua New Guinea
327, Av. Louise
Bruxelles/Belgien
Tel.: 6 40 34 95 / 6 40 35 72

Dokumente

Für einen Aufenthalt bis zu dreißig Tagen wird derzeit für Bürger der BRD, Schweizer und Österreicher kein Visum verlangt, das man vor der Einreise besorgen müßte. Es ist bei der Einreise in Port Moresby erhältlich, wenn man genügend Geld und ein Ausreiseticket vorweisen kann. Will man länger bleiben, braucht man ein Touristenvisum, das man bei einer der oben genannten Adressen erhält.

Wenn man über Indonesien kommt, kann man sich das Visum auch in Jakarta besorgen.

Neben dem Paß mit Visum sind außerdem Internationaler Führerschein, Studentenausweis und Internationaler Jugendherbergsausweis zu empfehlen.

Impfungen und Prophylaxe

Derzeit werden in Papua-Neuguinea keinerlei Impfungen verlangt. Zu einer Tetanus-Auffrischung muß aber dringend geraten werden, da die Infektionsgefahr recht groß ist.

Malaria ist auf Papua-Neuguinea noch immer ein Problem. Zur Prophylaxe werden die Präparate Fansidar und Resochin angeboten. Die Dosis bzw. Kombination ist – wie auch andere einschlägige Informationen – bei folgenden Instituten zu erfragen:

Tropeninstitut München, Leopoldstr. 5, 8000 München 40, Tel.: (0 89) 33 33 22

Tropeninstitut Hamburg, Bernhard-Nocht-Str. 74, 2000 Hamburg 4, Tel.: (0 40) 31 10 21

Tropenheim Paul-Lechler-Krankenhaus, Paul-Lechler-Str. 24, 7400 Tübingen, Tel. (0 70 71) 2 06–0

Literatur und Reiseführer

Als bester Reiseführer gilt *Papua New Guinea. A Travel Survival Kit* von Mark Lightbodys und Tony Wheelers, Lonely Planet Publication, 253 Seiten. Die deutsche Ausgabe dieses Reiseführers ist sehr gekürzt und nur dann zu empfehlen, wenn die englische nicht zu beschaffen ist.

Sehr informativ ist weiterhin *Papua New Guinea Handbook and Travel Guide* von Stuart Inder (Hrsg.), ein Buch, das allerdings über Australien bezogen werden muß: Pacific Publications (Aust.) Pty. Ltd., Box 3408, GOP, Sydney, NSW 2001.

1985 erschien im DuMont Buchverlag, Köln, ein Reiseführer: *Papua-Neuguinea (Niugini)* von Heiner Wesemann, durch den man sich einen guten Überblick verschaffen kann. Im Anhang dieses Buches befindet sich ein umfangreiches Wörterverzeichnis Deutsch – Pidgin-Englisch.

Im Schneider-Verlag ist in dieser Reihe ein nützliches Buch über das nördliche Festland von Neuguinea erschienen: Christina Dodwell, *Im Land der Paradiesvögel* (249 Seiten, DM 14,80). Der Autor ist diesem Band „nachgereist" und nicht ein einziges Mal enttäuscht worden.

Das beste Buch über Gesichtsbemalungen, Federschmuck und Körperdekorationen ist Malcolm Kirks *Man as Art,* das 1981 bei Thames & Hudson in London erschienen ist. Es hat 143 Seiten und enthält 62 Farb- und 30 Schwarzweißbilder. Das großformatige Werk kostet zwar umgerechnet etwa 110 DM, lohnt sich aber in jedem Fall. In der Bundesrepublik wird von Zeit zu Zeit eine kleinere Taschenbuchausgabe für 39 DM angeboten.

Ein Buch ganz anderer, sehr persönlicher Art ist Fritz Taschners im Selbstverlag erschienener Band 1 einer bisher dreiteiligen Edition: *Mit dem Schmetterlingsnetz um die Welt.* Hier erzählt ein Schmetterlingssammler seine Erlebnisse in Papua-Neuguinea – eine liebenswürdige, lehrreiche Lektüre mit vielen interessanten Bildern. Zu erwerben bei: Fritz Taschner, Gnesener Str. 16, 8000 München 81.

Fritz Taschner hat im Birkenverlag, Birkeneck, 8055 Hallbergmoos, ein weiteres Buch veröffentlicht, das sich mit dem Leben eines Missionars auf einer entlegenen Station auf der Insel New Britain beschäftigt. Das Buch trägt den Titel *Pater Franz und seine Mamussi* (180 Seiten, viele Fotos). Es ist ein Insider-Bericht aus einer Welt, die der Reisende so nie erlebt.

Wer ein wenig Pidgin lernen möchte, die heitere, bildliche, dem Englischen angelehnte Staatssprache von Papua-Neuguinea, dem stehen zwei gute Bücher zur Verfügung: Dr. Wesley Sadlers *Untangled New Guinea Pidgin,* erschienen bei Kristen Press, Madang, 179 Seiten, etwa 8 bis 10 DM. Und *Introduc-*

tion to New Guinea Pidgin von dem Missionar Fran Mihalec, erschienen im Verlag Jacaranda Press, Milton, Queensland. Es ist 62 Seiten stark und kostet zwischen 3 und 4 DM.

Kartenmaterial

In Papua-Neuguinea gibt es bessere, d. h. detailliertere Karten als in irgendeinem anderen Land der Dritten Welt. Dieser Umstand ist wohl seiner Kriegsvergangenheit zuzuschreiben. Sie sind erhältlich im Maßstab 1 : 2000 (!), 1 : 2500, 1 : 10 000, 1 : 50 000, 1 : 100 000 und 1 : 250 000 und kosten je nach Landkarte zwischen 6 und 20 DM. Das *National Mapping Bureau* verschickt die Karten auf Anforderung auch per Post. Die Adresse ist: P.O. Box 5665, Boroko, Papua-Neuguinea.

Achtung: Man sollte zuerst für etwa 2 DM den „Map Index" anfordern und dann nach dieser Übersicht die gewünschten Karten bestellen. Die Luftpost ist zwischen der Bundesrepublik Deutschland und Papua-Neuguinea etwa 14 Tage unterwegs.

Das im Buch gezeigte Kartenspiel wurde in Neuguinea für umgerechnet 8 DM im Laden gekauft. Es wurde von einem australischen Buchverlag veröffentlicht, und wer es dringend haben möchte, kann sein Glück ja direkt dort versuchen: Robert Brown & Associates (Aust.) Pty. Ltd., P.O. Box 29, Baghurst, N.S.W., Australien.

In der Bundesrepublik Deutschland ist Kartenmaterial zu erfragen bei:

Buchhandlung Gleumes & Co., Hohenstaufenring, 5000 Köln,

Buchhandlung Götze, Hermannstr. 7, 2000 Hamburg 1,

Geographische Buchhandlung, Rosental 6, 8000 München 2, und in anderen Spezialhandlungen.

Währung

Die Währung in Papua-Neuguinea ist der *Kina,* der sich aus 100 *Toea* zusammensetzt. Münzen gibt es im Werte von 1, 2, 5, 10 und 20 Toea sowie von einem Kina, der sich durch ein Loch in der Mitte auszeichnet. Banknoten gibt es im Werte von 2, 5, 10 und 20 Kina.

Im Land kann man australische und US-Dollar am leichtesten wechseln. Die offiziellen einheimischen Banken sind die *Papua-Neuguinea Banking Corporation,* die *Papua-Neuguinea Developing Bank* sowie die *Reserve Bank.* Außer diesen haben noch die *Bank of South Pacific,* die *Australia & New Zealand Bank* und die *Westpac* Niederlassungen auf Papua-Neuguinea.

Die Banken sind montags bis donnerstags von 9 bis 14 Uhr, freitags von 9 bis 17 Uhr geöffnet. Bewahrt man den Beleg über den ersten Geldumtausch auf, so kann dies das Rücktauschen am Ende der Reise erleichtern.

In abgelegenen Gegenden gibt es kaum Banken. Dorthin möglichst nicht mit ausschließlich großen Geldscheinen reisen, da es sonst zu Schwierigkeiten beim Wechseln kommen könnte.

Besondere Hinweise

Jeder, der nach Papua-Neuguinea reist, sollte versuchen, das „Highland Festival" zu erleben. Es findet abwechselnd in Goroka und Mt. Hagen statt, und zwar immer Mitte August.

Der Termin wird recht kurzfristig festgelegt. Man sollte bei der Botschaft anrufen oder sich in Neuguinea selbst erkundigen (z. B. bei *Trans Niugini Tours).*

Paradise Tours in Frankfurt (Jörg Laubrinus, Mailänder Str. 9, D-6000 Frankfurt 70) veranstaltet sogar Gruppenreisen zum Festival, denn zu keiner Zeit kann man besser Highlander, Papuas und sogar den scheuen Kurukuru in vollem Festornat sehen. Bis zu vierzigtausend (!) Tänzer sind schon zu diesem großen „Sing-song" gekommen, und da es 1986 in Goroka stattfand, dürfte es 1987 in Mt. Hagen und so weiter abgehalten werden.

Von April bis Juni finden auf den Trobriand-Inseln traditionelle Yams-Feste statt.

Am 16. September wird allerorten der Nationalfeiertag begangen. Dazu werden landesweit „Sing-sings" und Zeremonien abgehalten. Um diesen Termin findet auch das etwa vierwöchige „Papua New Guinea Festival" statt, zu dem sich Künstler aus der Dritten Welt treffen.

Im September und Oktober gibt es dann in Lae eine „Morobe"-Show und in Kavieng ein „Malaggan"-Fest.

Es lohnt sich immer, im Hotel nachzufragen oder sich auf der Polizeistation zu erkundigen, ob in der Nähe irgendein Fest stattfindet, etwa eine „Moka"-Zeremonie, das ist der rituelle Austausch von Geschenken, die als Leihgaben betrachtet werden, als Unterpfand für Frieden und Freundschaft.

Nützliche Adressen

Survival International, 36, Craven Street, London WC 2 NS NG, England

Gesellschaft für bedrohte Völker, Postfach 20 24, 3400 Göttingen, Tel. (05 51) 5 58 22
Spendenkonto: Postscheckamt Hamburg Nr. 29 77 93–2 07

Volker Lapp (Ausrüster für gute Survival-Kits)
Überlebenstechnik, Am Albanusweinweg 2, 6450 Hanau/Main 7

Äquator Bücher – Ausrüstung – Reisen GmbH
Hohenzollernstr. 93, 8000 München 40, Tel. (0 89) 2 71 13 50

Lauche & Maas, Alte Allee 28 a, 8000 München 60

Globetrotter-Service, Konstanzer Str. 50, 1000 Berlin 31

Zum Schluß noch ein paar Bücher zum Schmökern und Nachreisen

Zum Schluß soll noch auf einige Veröffentlichungen hingewiesen werden, die speziell für Wrack-Sammler von Nutzen sind, aber auch anderen Neuguinea-Touristen einen Einblick in die Geschichte dieses Landes geben:

Die „Bibel" der Flugzeug-Sammler ist Charles Darbys *Pacific Aircraft Wrecks*, ein großformatiger Bildband von 80 Seiten, der Hunderte von Farb- und Schwarzweißfotos enthält. Das Buch ist bei Kookaburra Technical Publications Pty. in Melbourne erschienen und kostet in Papua-Neuguinea etwa 45 DM. Die genaue Adresse des Verlags lautet: P.O. Box 648, Dandenong 3175, Melbourne, Australien.

Kleinformatiger, dünner und auch billiger ist Davon Hodsworth' *Pacific War Images*, erschienen im Verlag Robert

Brown & Ass., P.O. Box 29, Bathurst, N.S.W., Australien. Es kostet nur etwa 20 DM und enthält auf 33 Seiten zum Teil bessere Fotos als Darbys Buch. Vor allem ist es fünf Jahre jünger.

In Ergänzung zu diesen beiden Werken gibt es in Deutschland einen aufwendigen, 240 Seiten starken Bildband, der alle Wracks so zeigt, wie sie einmal ausgesehen hatten, als sie frisch aus der Fabrik kamen: *Bilderlexikon der Flugzeuge* von Paolo Matricaldi, erschienen beim Südwest-Verlag. Dieses vor allem grafisch sehr schöne Buch enthält außer militärischen Flugzeugen auch zivile Maschinen von der ersten Flugstunde bis zum „Space Shuttle".

In den USA erschien im Herbst 1986 ein Buch, das den Weg eines Wracks und seiner Besatzung vom unschuldigen Anfang bis zum bitteren Ende verfolgt: Susan Sheehan, *A Missing Plane*, erschienen bei G. P. Putnam's Sons, New York, N. Y.; 203 Seiten, 18.95 Dollar. Die Verfasserin hat die Eltern der gefallenen Flieger besucht, die Absturzstelle ihres B-24-Bombers, die Labors, in denen die Überreste der Besatzung identifiziert wurden und die Leute vom Museum in Neuguinea, die sich das Wrack sichern wollten. Eine faszinierende Lektüre, in der es um Menschen geht, die mehr als vierzig Jahre lang im Dschungel von Neuguinea vermißt waren.

In dieser Reihe sind erschienen:

Aubert/Müller, Panamericana
Cerny, Von Senegal nach Kenia
Coquet, Kolibris und Krokodile
Crane, Kilimandscharo per Rad
Cropp, Alaska-Fieber
Cropp, Im Herzen des Regenwaldes
Cropp, Schwarze Trommeln
De Colombel, Der siegreiche Berg
Deglmann-Schwarz, Traum-Trips
Deglmann-Schwarz, Zwischen Monsun und Mitternachtssonne
De Roos, Segeln in der Arktis
Dodwell, Durch China
Dodwell, Globetrotter-Handbuch
Dodwell, Im Land der Paradiesvögel
Engels, Haie!
Franceschi, Vier Männer gegen den Dschungel
Gallei/Hermsdorf, Blockhaus-Leben
Harder/Müller-Esterl, Annapurna I
Hermann, Heiße Tour Afrika
Hermann, Von Thailand nach Tahiti
Höppner, Cowboys der Wüste
Jeier, Am Ende der Welt
Jenkins, Das andere Amerika
Jones, Sturzfahrt vom Everest

Keiner, Quer durch den roten Kontinent
Keiner, Südsee
Kirner, Meine Freunde – die Kopfjäger
Kugelmann, Trip in die Steinzeit
Kühnel, Motorrad-Odyssee
Kühnel, Rätselhaftes Indien
Lerche/Straube, In einem fremden Land
Look, Chapati, Chai und Diesel
Pilkington, Am Fuß des Himalaja
Rox-Schulz, Der Ruf des Condor
Stejskal, Malediven – das Mädchen Robinson
Stejskal, Wayapi
Swale, Zu Pferd durch Chile
Tasker, Eishöhle am Everest
Tin/Rasmussen, Traumfahrt Südamerika
Thorer, Wracks im Dschungel
Veszelits, Brasilien
Walls/Martin, In Malaysia
Zierl, Highway-Melodie